관람가
신춘극장

K-poetry

샘문시선 **2002**
한국문학상 수상 기념시조집
송규정 시조집

먼 훗날 자그마한 흔적 하나 남기고자
먹물에 붓을 잠겨 화선지에 앉힌 숨결
붓 길에 영혼을 싣고 무아지경 빠진다

젊음의 힘찬 필력 손을 뗀 노년에도
먹물에서 도를 찾아 여유를 갖다 보면
늘어진 난, 한 줄기서 고고함을 배우네
〈묵향에 젖어, 일부 인용〉

물 위를 덮어버린 우산 같은 연잎 군상
진흙에 발을 묻고 꽃등을 밝혀 든 채
부처님 그리워하며 대웅전을 향하네

수천 년 역사 안고 향기로운 불심 태워
오가는 군중에게 묵언으로 구도하고
밤새워 찬 이슬 받아 제 영혼을 닦아내
〈연꽃, 전체 인용〉

살며시 내린 밤비 나목을 깨우나니
겨우내 굶주렸던 허기진 배 추슬러
힘차게 기지개 켜며 봄 인사를 하누나

외로움 지쳐 떨던 꽃망울 실눈 뜨고
간밤에 내린 비로 봄 향연 서두르니
꽃 피울 목련꽃 보며 정화하리, 영혼을
〈봄비와 목련, 전체 인용〉

님께
──────────────

년   월   일

드립니다.
──────────────

도서출판 **샘 문**

한국문학상 수상 기념시조집

관람가 신춘극장

송규정 시조집

첫 시조집 해산하며

내겐 시인이란 말이 수줍고 어색합니다. 아직은 기력이 짧고 글의 구성이나 메타포와 반전의 미, 측면 등에서 부족함이 많기 때문일 것입니다.

소녀 시절엔 문학을 해보고 싶었습니다. 중, 고 시절에 늘 도서관에 가서 책을 많이 읽었습니다. 사회에 나와서는 너무 바쁜 직장 업무에 책을 읽을 시간도 마음의 여유도 없이 각박하게 살아야 했고 겨우 겨우 짬짬이 가야금만 할 수가 있었습니다.

결혼 후 아이들이 초등학교에 입학하자 가야금을 더 연마하려 가곡 인간문화재 홍원기 선생님을 찾아뵈었는데 산조를 하시는 게 아니고 이왕직 아악부 5기 가야금 전공으로 정악만 하셨습니다. 가야금 정악을 공부하던 중 얼마 후 공연을 보러 오라고 하셨습니다 마로니에 공원에 있는 지금의 아르코 대극장이었는데 첫 프로그램을 선생님께서 하시는데 신선이 구름 타고 올라가는 신비와 환희의 너무 감동적인 느낌을 받았습니다.

그 노래는 남창가곡 우조 초수대엽 "동창이 밝았느냐…"였는데 우리나라 음악이 이렇게 아름다운 음악이 있다는 걸 처음 알았습니다.
그 이튿날 공부하러 가서 선생님께 노래도 공부하고 싶다고 말씀드렸고, 그래서 여창 가곡 15곡 전 바탕을 여러 번 반복 공부하면서 경제京制 시조, 가사, 가야금 정악을

여는 글

모두 공부하고, 남 여창 가곡 반주까지 공부하게 되었습니다. 선생님께서는 시조 형식에 대한 국문학적 이론도 가르쳐 주셨습니다.

공연과 교육으로 바삐 살다가 코로나 팬데믹으로 집안에 칩거하면서 그립던 고향을 수십 년 만에 찾게 되듯 시조와 시를 찾게 되었습니다.
소녀 시절의 맑은 감성은 퇴색하고 어휘도 잃어버렸지만, 주섬주섬 낯선 해변에서 조약돌을 줍듯이 시어를 찾아 헤매었습니다.

수십 년 고시조로 가곡과 시조를 부르고 강의를 하게 되어 시조는 익숙했지만 시조 창작은 어려웠습니다. 독자의 마음을 감동시키는 아름다운 시조를 쓰고 싶은 염원은 언제일까요? 끊임없는 연구와 노력을 경주해야겠다는 다짐을 해봅니다.

서툰 문필로 많이 부족하지만, 첫 시조집을 낼 수 있도록 헌신적으로 정성을 다해 도와주시고 지도편달을 해주시고, 특히 평설까지 해주신 스승님, 김홍열 사단법인 한국시조협회 전 이사장님께 깊은 존경과 감사의 말씀을 드립니다.

그리고 2023년 8월경에 사단법인 샘문그룹 계열 주식회사 한국문학에서 주최하고 샘문그룹이 주관하였으며 서울특별시, 중랑구, 샘문뉴스, 대한민국예술원(이근배), 국제펜한국본부(손해일), 한예총(김소엽) 외 23개 단체 및 기업이 후원한 〈한국문학상〉 공모전에 〈코로나에 희생된 영혼들 영전에 외 2편〉을 〈시부문〉에 응모하여 신인문학상에 당선되어 등단하는 영광을 과분하게도 안았습니다. 이 한국문학상은 1966년 김동리 선생이 창간하여 이근배 선생에게 물려주고, 이근배 선생이 샘문그룹 이정록(지율, 샘터) 선생에게 물려준 저명한 문예지 〈한국문학〉과 저명한 문학상 〈한국문학상〉이라고 합니다. 그런데 제가 불쑥 도전하여 당선되어 등단하여서 모든 게 실감이 안 나고 얼떨떨했는데 이제야 정신이 든 것 같습니다. 더욱더 겸손하게 정진하라는 채찍으로 여깁니다.

이때 저를 인도해주셨으며 영감을 주시고 지도편달까지 해주시고 이번 시조집 〈운문 감수〉를 해주신 사단법인 문학그룹샘문 이사장 이정록 교수님께 머리 숙여 감사의 말씀 올립니다. 그리고 이번 시조집을 출간하는데 기획, 디자인, 편집, 유통, 홍보를 해주시는 데 최선의 노력을 경주해주신 〈샘문시선〉 에디터 및 출판 관계자 여러분께도 고맙다는 말씀을 드립니다.

끝으로 저와 함께 여창가곡, 정가, 가야금 등 문화예술 활동을 같이하는 동료 및 선후배 여러분과 시조, 시 창작 활동 및 문단 활동을 같이하시는 문우 여러분들께도 감사드리며, 이번 시조집이 출간할 때까지 응원을 아끼지 않은 저의 사랑하는 가족들에게도 고맙다는 말을 이 지면을 빌어서 전하며, 이 출간에 기쁨을 같이하겠습니다. 정말 감사합니다.

2024년 3월 23일

素石 산방 서재에서
송 규 정 올림

> 평 설

가야금伽倻琴에 노니는 옥수玉手

- 김홍열(시인, 한국시조협회 이사장)

1. 시작하며

먼저 素石 송규정 시인의 작품집 『관람가 신춘극장』 출간을 진심으로 축하드린다. 시인은 시조 창작 이전에 이미 다중 예술의 경지에 올랐다고 할 수 있다. 1968년도에 가야금에 입문 한 이래 수십 년간 '가야금, 정악, 여창 가곡, 가사. 시조창'을 해 오신바 지금은 문화재청으로부터 "국가무형문화재 제41호"로 이수자 자격을 획득하고 많은 문하생을 지도하고 계시다.

뿐만 아니라 2009년부터 문인화를 시작해서 지금은 상당한 경지에 오른 작품을 생산하고 계시다. 시조時調의 입문은 2020년 〈봉평 풍경〉이라는 작품을 (사)한국시조협회의 「시조사랑」 계간지에 발표하면서 시조에 등단하는 계기가 되었다. 다년간 시조창을 해오긴 했어도 직접 작품을 창작하는 것은 또 다른 문제이다. 이렇게 시인은 "정가, 문인화, 문학의 시조"의 3분야를 모두 섭렵하신 분이라 하겠다. 무엇보다도 전통예술을 보존하고 전수한다는 예술가로서 남다른 애정, 의욕과 책임감을 지니고 있지 않으면 달성하기 어려운 분야이다.

시조는 일반 시와는 다르게 동전의 양면성을 가지고 있는 언어창작 예술이다. 즉 작품에 반영되고 있는 예술성과 전통이라는 정체성을 반드시 지켜야 하는 어려운 분야이다. 특히 현대 시조에 있어서 표현의 다양성을 예술적으로

평 설

살려내면서 전통을 지켜내야 하는 일은 말처럼 쉬운 일이 아니다. 시조는 우리 민족의 전통 시詩 양식이므로 자유시에 익숙해진 우리는 정체성을 벗어난 작품을 생산하는 경우가 허다하다.

시조 역시 내면에 존재하는 아름다운 감정을 다듬고 잘 엮어서 3장 6구라는 정해진 틀 속에서 빚어내야 하기 때문에 자유시보다는 매우 그 작법作法이 까다롭다 하겠다.

뿐만 아니라 각 장의 독립성, 연결성 완결성을 추구하면서 종장에 이르러 화자의 결의나 각오를 현재형 술어로 마감해야 한다는 까다로운 조건이 붙어 있어 창작을 더욱 어렵게 만들기는 하나 이러한 점이 바로 길이 보존되고 전승되어야 할 전통예술의 가치라는 것을 새삼 인식할 필요가 있다. 노래는 귀로, 그림은 눈으로 보며 그 감미롭고 아름다움에 취하는 것이지만 시조는 글자 행간에 박힌 이미지를 심어놓아야만 독자는 보이지 않고 들을 수 없는 화자의 감정을 찾아내 진주처럼 빛나는 아름다움을 발견할 수 있게 된다.

북송北宋의 화가 곽희郭熙는 임천고치林泉高致에서 시화일체詩畫一體라고 했다. 즉 그림은 소리 없는 시이고 시는 형체 없는 그림이라고 했다. 북송 말기의 〈적벽부〉로 유명한 시인 소식(동파) 역시 시 가운데 그림이 있고 그림 가운데 시가 있다 "詩中有畫 畫中有詩" 라고 했다. 이 말을 한마디로 요약한다면 시는 읽으면서 그림의 모양이 떠올라야 한다는 얘기로 시조의 작품 역시 독자가 읽으면서 그림을 선명하게 그릴 수 있도록 "詩中有畫"로 지어야 한다는 점을 강조하고 있는 얘기다. 이를 관념의 연합이라 한다. 관념연합觀念聯合은 하나의 관념이 관련되는 다른 관념을 불러일으키는 심리 작용이다. 따라서 사람의 외모가

평설

꽃이라고 한다면 사람의 내면은 향기가 있어야 하고 이 향기를 글로 표현한 것이 시조가 아닐까 한다.

이번에 출간되는 작품집 『관람가 신춘극장』에 수록된 작품들은 하나같이 송규정 시인의 내면에서 발산되는 곱고 순박하고 그윽한 향기로 채워져 있다. 이번 작품집 특징 중 하나는 '코로나19'라는 암울한 터널을 지나오면서 느낀 감회의 작품이 많다는 점이다. 이는 아마도 작가의 답답한 마음이 시조라는 분화구를 통하여 분출하고 있기 때문이라 생각한다. 전통예술은 어느 분야를 막론하고 "정체성"을 살려내야 한다. 이를 무시하면 전통이라는 말은 어울리지 않게 된다. 이제 소석素石 송규정 시인의 작품 속으로 들어가 그의 시 세계와 내면의 향기에 취해볼까 한다.

2. 작품 감상

흰 물결 너른 벌판
비경인가 선경인가

흐르는 바람결에
나부끼는 옷자락은

한 아름 쏟아지는
달빛에 눈이 부신 노래다

- 「봉평 풍경」 전문

이 작품은 시조시인으로 입문하기 위해 처음으로 선보인 작품이다. 우선 봉평 하면 떠오르는 장면이 이효석의 『메밀꽃 필 무렵』이다. 장돌뱅이 허생원과 동이가 메밀꽃이 흐드러지게 핀 달밤의 산길을 배경으로 설정하여 이야기를 나누는 부자 상봉의 모티프를 한 폭의 수채화처럼 엮어낸 그 장면이 떠오른다. 소석 시인 역시 소설 못지않게

평 설

시조 작품 속에 그림이 있도록 작품 구성을 잘하였다고 본다. 3장 6구 12소절의 전통적인 방식이 그대로 살아 있는 시조의 전형으로 균제미均齊美가 돋보인다. 초장, 중장, 종장이 각각 독립적이면서 연결성, 완결성이 완벽하게 짜여 있다. 특히 종장에서 '나부끼는 옷자락이 눈부신 노래라' 비유한 것은 절창이라 할만하다. 대개 초심자는 '~ 같은, ~처럼' 등등 직유법을 도입하겠지만 시인은 이미 은유법을 동원함으로서 그 시적인 맛을 극대화 시키고 있다. 이 작품 안에는 그림이 있고 노래가 있고 향기가 묻어 있다.

먼 훗날 자그마한 흔적 하나 남기고자
먹물에 붓을 잠겨 화선지에 앉힌 숨결
붓 길에 영혼을 싣고 무아지경 빠져든다.

젊음의 힘찬 필력 손을 뗀 노년에도
먹물에서 도를 찾아 여유를 갖다보면
늘어진 한 겹 난 줄기서 고고함을 배운다

- 「묵향에 젖어」 일부 인용

이 작품은 화가의 여유와 시인의 감성이 듬뿍 배어 있는 작품이다. 둘째 수, 중장 "먹물에 붓을 잠겨 화선지에 앉힌 숨결" 같은 표현 역시 절창絶唱이다. 시인이 종장에서 '무아지경'에 빠져든다고까지 하는 표현을 보면 작품하나를 탄생시키기 위해 얼마나 몰입하고 있는지 짐작이 간다. 예술의 경지는 아마도 이러한 무아지경에 이르는 길임을 대변해 주는 듯하다. 셋째 수에서도 먹물에서 도를 배우고 붓끝으로 쳐낸 한 줄기의 난 잎에서 고결함과 순수함과 우아함까지 배운다고 한다. 이 작품은 연시조임에도 시조의 정체성을 조금도 벗어나지 않고 있으며 독자에게 전하는 메시지가 뚜렷이 나타난다. '먹물의 도道'라는 말도 평범한 말 같지만 내재 된 사유의 세계는 한없이 넓기만

평 설

하다. 이 작품은 우아미優雅美와 긴장미가 돋보인다.

창문을 열어보면 나무 끝 맑은 바람
참새는 노래하며 아침 햇살 물어 다가
싱그런 라일락 향에 반짝반짝 섞고 있다.

맑은 샘 길어 올려 탁한 호흡 씻어낸 뒤
청명한 시안詩眼으로 새날의 문을 열면
소중한 인생의 하루가 보석처럼 빛나겠지

- 「아침」 전문

이 작품은 작가의 상상력이 동원된 작품이다. 시조는 화자의 상상력을 요구받는 분야이다. '참새가 아침 햇살을 문다'든지 '라일락 향에 반짝반짝 섞는다'와 같은 표현이 대표적이다. 상상력은 공상이나 망상과는 달라서 독자에게 맛깔스런 묘미를 전달하게 된다. 둘째 수 중장에서 '청명한 시안詩眼으로 새날의 문을 열면' 그날 하루의 삶은 보석처럼 빛나지 않을 수 없다. 이 작품은 의인화가 잘되어 있다. 의인화는 시조의 가장 중요한 창작 포인트 중 하나이다. 고시조 대부분이 사물을 의인화하여 독자로 하여금 삶이 무엇인지 스스로 깨닫게 만든다. 자유시와 변별력을 갖게 되는 중요한 포인트가 되기도 한다.

세상은 허구한 날
소음으로 가득하여

이 몸은 매일매일
심신이 피곤하다.

영혼이 가출해버린 요즘
무심만이 웃자란다

- 「무념무상의 세월」 전문

평 설

　무슨 연유로 영혼이 가출한 세상에서 무심으로 살아간 다고 말하고 있는 것일까? 다음 작품에서도 나타나듯이 코로나19로 인한 고통 때문일 것이다. TV를 켰다 하면 코로나 소식이다. 많은 인명을 앗아갔으며 아직도 코로나 와의 전쟁이 끝나지 않고 있다. 노령층일수록 바깥출입을 억제해서 코로나에 노출되지 말아야 한다. 하루하루가 답답하고 우울할 뿐이다. 게다가 세상은 언제나 소란하고 요란하다. TV에서도, 라디오에서도, 모바일 폰에서도 열기만 하면 소음의 공해가 봇물처럼 터진다. 인류의 문명이 발전 할수록 소음공해는 점점 커진다. 여의도 공해는 우리를 짜증나게 만들고, 보이스 피싱 같은 사기 범죄는 불안하게 만들고, 묻지마 폭력은 공포에 떨게 하고, 그러니 화자가 말한 대로 영혼이 가출해버리는 사태까지 벌어진다. 이 작품은 우리 사회를 고발하는 작품이다. 왜 이런 일이 벌어지는가? 한마디로 말하면 지분知分을 모르고 과욕을 부리는 탓에서 발생하는 사건들이다.

　작가는 주제를 "무념무상"으로 하였으나 그렇게 맘을 먹는다고 될 일이 아니다. 우리가 잘 아는 말로 '나무는 가만히 있고 싶으나 바람이 내버려 두지 않는다.'는 말이 있듯이 아무리 내가 조용히 살고 싶어도 나를 둘러싼 환경이 나를 가만있게 내버려 두지 않는다. 내 의지와는 상관없이 강요당하며 사는 세상이 되었다.

　　후두둑 봄바람에 꽃잎이 휘날리듯
　　수많은 귀한 목숨 코로나가 데려가네
　　임종을 못 하는 가족 애통해서 어쩌나!

　　　　－「잔인한 사월이여」 일부 인용

　코로나에 대한 기억은 우리 모두에게 트라우마(trauma)

평 설

로 남아 있다. 전 세계 인류에게 닥쳐온 재앙이었다. 지금도 완전히 극복된 상태는 아니지만, 당시에 비하면 정상으로 되돌아온 느낌을 받는다. 이 외에도 코로나에 대한 작가의 심정을 솔직하게 고백한 작품은 상당히 많이 있다. 30여 편의 작품에서 코로나에 대한 감정이 묻어 있다. 「산천화경」에서는 숨 막히는 공포를, 「고독한 시절」에서는 단절된 사회활동에서 느끼는 외로움을, 「공허한 비대면」에서는 비대면 공연에서 느끼는 허탈을, 「무너진 일상 질서」에서는 깨진 삶의 일상을, 「코로나의 생존 투쟁사」에서는 기근이나 전쟁보다 두려운 우리의 미래를 걱정하는 등등 수많은 작품에서 재앙처럼 닥쳐온 코로나 시대의 삶을 가슴 아프게 그려내고 있다. 소석 시인은 그분의 경력에서 말해주듯이 대중과 어울려 살아야 하는 예술가이다. 그런데 이 코로나로 인해 어울림의 관계가 단절되었으니 누구보다도 답답하고 원망스러웠을 것은 틀림없다.

작품 「잔인한 사월이여」이란 말은 T.S.얼리엇의 시 "황무지"에서 시작된 말이다. 시의 첫 구절은 "4월은 가장 잔인한 달"이란 시어로 시작된다. 당시 세계 1차 대전이 끝난 유럽 전역의 황폐해진 삶이나 정신적 고통을 상징적으로 표현한 것이다. 묘하게도 우리나라에서도 4월은 아픈 달로 인식된다. 제주 4·3 사건, 4·19 혁명, 세월호 침몰 등의 사건이 4월에 발생하였다. 특히 우리나라는 과거에 보릿고개가 시작되는 달이 4월경이다. 어찌 되었건 4월은 우리에게도 잔인한 달 임에 틀림이 없다. 그러나 4월은 만물이 소생하는 계절이기도 하다. 얼어붙은 땅을 뚫고 나오는 연약한 새싹의 고통도 4월에 절정을 이룬다. 그 연약한 몸으로 땅을 헤집고 나오는 고통 역시 우리가 겪는 고통 못지않을 것이라는 깨달음을 주는 작품이다.

이런 아픈 계절에 코로나로 인해 수많은 사람이 목숨을

평 설

잃었다. 작가의 말처럼 꽃잎이 지듯 떨어져 나가기도 했다. 이웃은 말할 것도 없고 부모의 죽음마저도 지켜보지 못한 시기였고, 어떤 행사도 결혼식마저도 못 하게 하던 단절의 시기였다. 배우가 관객 없는 무대에서 공연할 때 그 무력함, 고독, 허탈함은 계절이 바뀌어도 바뀐 줄 모르는 단절된 공간이 되었다. 이런 환경에서 활동해야 한다는 것처럼 슬픈 현실은 없을 것이다. 작가의 이런 심정들이 여러 곳에서 나타나고 있다는 것은 그만큼 고통스러운 삶이었다는 점을 증언하고 있는 것이다.

>   수줍어 홍조 띠는
>   새악시가 오셨는가
>
>   잎새 뒤 반짝이며
>   빨간 진주 달고 왔네
>
>   풍화를
>   감내한 찬미 햇살 아래 도도하다

- 「앵도 처녀」 전문

이 작품은 종장에서 매우 희망적이다. 추운 겨울을 이겨낸 뒤에 보석처럼 매달려있는 앵두는 아름답다. 그러나 작가는 아름다움에 그치지 않고 '도도하다'라고 말하고 있다. 계절의 변화에 따른 당연한 자연의 이치가 아니라 모진 풍파를 감내했다고 표현한 것으로 미루어 볼 때 사람도 세파를 극복해 내고 소망한 바를 얻을 때 그 삶은 아름답고 힘차게 느껴진다. 이러한 삶은 찬미가 분명하다. 우리의 삶도 저 앵두처럼 험난한 풍파를 반드시 극복해 내고 결실을 얻어내야 하겠다는 화자의 강력한 의지가 엿보이는 대목이다. 이 작품 역시 절제미節制美와 우아미, 균제미가 뛰어나다.

평 설

> 깊은 잠 못 이루고
> 뒤척이다 맞은 새벽
>
> 늙으면 모든 일상
> 비정상 되어가나
>
> 차라리
> 달빛과 벗해 풍류라도 즐길까
>
> - 「불면증」 전문

불면증은 대개 생활 습관이나 환경적 요인 또는 신체적, 심리적 요인에 의해 밤잠을 깊이 못 드는 것으로 알려져 있다. 누구나 겪을 수 있는 현상이다. 지금 화자의 불면증은 코로나로 인한 단절의 삶에서 비롯된 심리적 요인에서 비롯된 것이라 유추할 수 있다. 작가의 일상적 리듬이 무너져서 생긴 불면증일 것이다. 화자의 말대로 몸을 뒤척이며 고민할 것이 아니라 오히려 달빛과 어울리거나 달빛을 관중 삼아 노래 한 소절 뽑고 싶은 심정이다. 그래야 막힌 가슴이 뻥 뚫릴 것이다.

신라 경문왕이 임금 자리에 오른 뒤에 귀가 나귀의 귀처럼 커진 비밀을 복두쟁이가 대밭에 가서 외치자, 그 뒤부터 바람이 불면 대밭에서 '임금님 귀는 당나귀 귀'라는 소리가 났다는 이야기가 떠오른다. 지금 작가의 심정은 복두쟁이만큼이나 답답하다. 달빛이라도 잡고 한판 놀지 않으면 마음의 병이 생길 지경이다. 대밭에서 '임금님 귀는 당나귀 귀'라는 소리가 나는 것처럼 달빛 고운 날에는 작가의 목청이 달빛에 실려 들려 올 것 같은 느낌을 받는다. 화자의 답답한 심정이 유감없이 잘 발휘된 작품이다.

평 설

비대면 무관중이 낯설게 막을 열면
교감은 길을 잃고 공명은 허기지고
눈앞에 꽉 찬 빈자리 눈빛조차 닫혀 있다

- 「공허한 비대면」 전문

이 작품 역시 비유가 뛰어나다. 초장에서 무관중이 막을 연다고 했다. 뿐만 아니라 종장 "꽉 찬 빈자리"라는 역설적 표현으로 시적인 맛을 더욱 실감 나게 살려내고 있다. 역설법이나 반어법은 시적인 맛을 더욱 첨가하는 재료 중 하나이다. 반어법은 문장이 틀린 데는 없으나 화자가 말하는 의미는 반대이고, 역설법은 문장 자체가 성립될 수 없는 문장이지만 가만히 들여다보면 의미심장한 바가 포함되어있는 수사법이다. 말하자면 기의記意가 내재 된 기법이다.

한편 종장 말미의 마감이 현재형 술어이다. 과거에 발생 된 일이지만 현재형 술어로 마감하여 그 생명력을 무궁케 하고 있다. 시조의 묘미가 바로 여기에 있지 않을까? 소절이나 구가 흐트러지지 않음은 물론이고 각, 장마다 독립성과 연결성을 잘 유지하고 있는 단시조의 전형典型이라 할만하다. 시조에 입문한 지 오래된 사람도 이런 작품을 생산하기란 쉽지 않은 일이다.

황급히 떠나보낸
시월의 끝자락에

창밖의 가로수가
오색으로 곱디곱다

나 몰래
어느 화가가 고운 붓질하고 가셨나

- 「만추」 전문

평 설

　이 작품도 쉬우면서도 그 정경이 눈앞에 그려지는 작품이다. 이 세상에 가장 위대한 화가가 있다면 그는 아마도 조물주일 것이다. 초장의 표현도 매우 아름답다. '황급히 떠났다'고 말하지 않고 마치 화자가 계절을 보내듯이 '떠나보낸'이라고 함으로서 말의 묘미를 새롭게 만드는 말재주를 유감없이 발휘하고 있다. 곽희가 말한 시중화詩中畵는 바로 이런 글을 보고 말한 것이 아닐까. 긴장미緊張美와 우아미가 잘 드러나 있다.

　　아직은 먼 봄소식 빈 가지에 들어 있다
　　혹독한 겨울나기 수십 성상 도가 텄나
　　겁 없이 솜털 꽃심을 치켜들고 당당하네

　　　　　－「겨울 목련」 전문

　시인치고 목련에 관한 작품을 안 써본 이는 거의 없을 정도로 봄의 대명사처럼 읽히는 봄꽃이다. 이 작품 역시 초장에서부터 그 솜씨가 범상치 않다. 빈 가지에 들어 있는 봄을 발견하는 것은 시인이 아니고는 불가능한 일이다. 봄을 품은 가지가 희망을 북돋우며 혹독한 겨울을 이겨내라고 다독이고 있는지도 모른다. 왜냐하면 숨은 봄은 어김없이 그 가지에서 모습을 드러낼 테니까.

　의인화가 잘된 작품이다. 의인법은 우리의 삶을 반영하는 시작법詩作法이다. 어떤 사물을 있는 그대로 묘사하는 것은 엄격히 말하면 시조라고 할 수 없다. 시조는 우리의 삶을 사물에 빗대서 부르는 노래이기 때문이다. 이러한 의인법이 동원되지 않는다면 시조는 무미건조하여 이미 오래전에 생명을 다, 했을지도 모를 일이다. 요즘 같으면 디지털카메라로 찍어내는 것보다 더 자세히 사물을 그려낼 수는 없으나 아무리 사진기가 사물을 잘 찍어낸다고 하더

> **평 설**

라도 우리의 감정까지는 찍어내지 못한다. 이런 점에 미루어 볼 때 곧 시조는 설명문이나 묘사문이 아니라는 점을 입증하고도 남음이 있다. 종장 후구의 '당당하다'라는 표현 역시 정의롭고 희망적이다.

   오욕에 찌든 흔적 말끔히 씻으려고
   임 소식 기다리듯 창가를 서성인 날
   때아닌 하얀 매화가 가지마다 피고 있다

   새봄이 올 거라고 속삭이는 위로의 말
   목마른 낙엽 위로 꽃들은 피어나고
   어머니 자장가 인양 소록소록 노래하네

   　　　- 「첫사랑 첫눈이 오시네」 전문

 첫눈이 내리는 모습에서 작가는 벌써부터 봄을 기다리고 있다. 화자가 말하는 봄은 그냥 자연의 순환에서 오는 그런 봄이 아니라 마음의 봄이다. 무엇인가에 갇혀 있는 느낌, 억압되고 있는 심적 부담을 떨쳐버리고 싶은 작가의 마음이 잘 나타나 있다. 식물을 억압하는 것은 추위나 기후 등 자연적 환경일 것이고 화자의 마음을 짓누르는 답답함은 아마 코로나 같은 역병 또는 사회적 요인일지도 모른다. 계절이 바뀌어 봄이 오면 온갖 만물이 소생하듯이 화자의 마음도 갇혀 있어야만 하는 상태를 벗어나 맘 놓고 활동하고 싶은 마음의 봄날이 오기를 학수고대하고 있다. 이 첫눈은 우리의 마음을 진정시켜 아늑하고 편안하게 만들어 준다. 마치 엄마의 품처럼. 그래서 화자는 지금 눈 오는 소리를 엄마의 자장가로 환치하여 들으며 마음의 안정을 취하고 있는 것이다.

   짧은 인생 많은 재능 필요한 곳 다 주시고
   민들레 꽃씨처럼 흩뿌리고 가신 영혼

평 설

십 년 후 활짝 핀 꽃을 들고 고국 땅을 밟으셨네

- 「울지마 톤즈/이태석 신부」 일부 인용

〈울지마 톤즈〉는 고 이태석 신부를 그린 다큐멘터리 영화이다. 신부는 아프리카 "수단"에서 희망을 살려낸 한국의 슈바이처이다. 어린 새싹들에게 노래를 가르치고 악기를 가르치며 희망을 싹틔웠고 의술을 베풀어 병든 이를 구제했다. 이태석 신부는 아프리카 오지에서 평생을 그들과 함께하신 선구자이다. 무지와 가난에서 그들을 구하고자 오직 사랑과 희망만을 뿌리신 분이시다. 필자도 그 영화를 보면서 하느님의 위대한 사랑이 꽃피는 것을 보았다. 육신과 영혼을 모두 내주고 떠난 지금 아프리카 그 오지에는 생명의 소중한 꽃이 피고 열매 맺으며, 허기진 배를 채워줄 희망찬 미래가 기다리고 있을 것이라는 확신을 가진다. 아마 천국에서 그곳의 평화와 윤택해진 삶을 보며 빙그레 웃으실 것 같다.

사회적 거리두기 천륜마저 갈라놓나
핏줄 이은 혈육들을 보고파도 못 만나니
쓸쓸히 모시는 차례 조상님께 송구하다

우울증 걸린 설이 마음을 도려낸다
정성을 다, 하지만 몸마저 불편하여
걱정이 앞장을 선다, 설레던 맘 옛말이고

- 「팬데믹 설맞이 풍속」 전문

코로나라는 괴물이 세상을 바꿔놓았다. 인간이 살아가는 데는 윤리나 도덕이 필요하다. 즉 인륜과 천륜이라 할 수 있다. 그런데 '코로나 팬데믹'으로 이러한 질서가 파괴되었다고 볼 수 있다. 우리 민족은 사례四禮, 즉 관혼상제

> **평 설**

冠婚喪祭를 매우 중요시 여겨왔다. 그러나 이 사례마저도 꺼리거나 피하는 지경에 이르렀다. 작가 입장에 이럴 수도 저럴 수도 없는 난처한 일이 되고 보니 우울증에 걸릴 만도 하다. 이런 현상은 우리의 습관으로 일상화된 행동양식을 하루아침에 바꾸어버리는 계기를 만들었기 때문에 비단 작가뿐 아니라 누구나 상당한 혼란을 겪었을 것이다.

종장에서 도치법을 활용하여 화자의 걱정하는 마음을 강조하므로 시조에서 요구하는 종장의 의미를 더욱 선명하고 강하게 살려내고 있는 작품이다. 먼 훗날 역사성과 시대상을 반영한 좋은 작품이 되리라 본다.

천년의 푸르름만 고고하게 채워 두고
하늘을 우러르며 선비충절 지켜낸다
무심한 세월의 변절을 지켜내는 절개여

- 「대나무 전개론」 전문

초장에서 '천년의 푸르름만 고고하게 채워 두고'라는 표현이 매우 돋보인다. 대나무가 천년을 살 건 살지 않건 그것은 중한 것이 아니다. 대나무의 빈 줄기에 푸르름을 고고히게 채워 둔 것을 보는 화자의 안목이 돋보인다. 대나무는 예나 지금이나 충절의 대명사이다. 화자가 말하는 푸르름은 청빈 또는 청렴일 것이다. 공직자는 누구를 막론하고 이 청렴의 정신으로 지절을 지켜내야 함을 강조하고 있다. 시류에 따라 절개가 변한다면 그것은 절개가 아니다. 그런 사고는 변절일 뿐으로 사익을 앞세우기 때문에 생겨난다. 세월이 변하든 사회가 변하든 선비의 지절은 언제나 청빈으로 가득 차 있어야 한다.

평 설

고즈넉한 산 아래 옹기종기 모여앉아
적막과 고요 아래 정감 이는 산골 마을
은하수 흐르는 하늘엔 달빛 가득 고여있다

별빛이 쏟아지는 아름다운 밤하늘에
집 집마다 문풍지를 뚫고 나온 정담들이
차가운 산골의 정적을 사랑으로 덥는다

- 「산골 이야기」 전문

 시골의 정경을 잘 그려내고 있는 작품이다. 별빛 쏟아지는 시골의 밤 풍경은 너무나 아름답다. 누군가 말했다. 달빛에 물이 들면 신화가 이루어지고 햇볕에 녹이 슬면 역사가 이루어진다고 했다. 둘째 수 중장에 '정담들이 문풍지를 뚫고 나온다.'라고 했다. 얼마나 시적인가? 종장에도 '차가운 산골의 정적을 사랑으로 덮는다.'라고 표현하여 산골의 고요한 모습을 그림처럼 그려냈으며 오순도순 나누는 얘기를, 가족의 사랑이 가득 담겨 있음을 눈으로 보듯 환하게 그려놓았다. 필자 역시 시골 태생이라 눈 오는 밤이면 군고구마를 먹으며 호롱불의 기름이 떨어질 때까지 이야기를 나누었던 추억이 새삼 떠오른다.

산 위에 떠 오른 달 냇물에도 떠 있는데
나뭇가지 앉은 달은 누가 또, 보냈는가
코로나 몽땅 태우려 달집 들고 왔구나

- 「정월, 보름달 맞이」 전문

 어릴 적 추억이 살아나는 느낌이다. 정월 대보름이면 마을마다 달집을 태우면서 소원을 빌었다. 이러한 행사는 주민들의 공동체적 단결과 화합과 풍요를 기원하기 위한 수단 중 하나였을지도 모른다. 초장과 중장은 사뭇 철학적

평설

이다. 같은 달이지만 하나는 산 위에 있고 또 하나는 물속에 있고 또 다른 하나는 나뭇가지에 걸려 있다. 그러나 화자는 각각 다른 존재로 인식하듯이 문장을 꾸며낸다. '나뭇가지 앉은 달은 누가 또 보냈느냐'며 짐짓 자연의 경이로운 모습을 묻고 있다. 코로나에 시달리는 중생을 구제하려 보름달이 '달집'을 들고 왔다고 말한다. 이는 화자의 간절한 소망이다.

　집에만 박혀있어 봄 온 줄도 몰랐어라
　평소에 눈길 가둔 화단을 살펴보면
　새 생명 아릿한 모습 날 반기며 웃고 있다

　목련이 만개한 줄 오늘에야 보았어라
　우아한 하얀 자태 두 손 모아 간구하면
　하늘도 감동하시고 우리 청을 들으실까

　홍매화 백매화에 동백꽃과 진달래꽃
　꽃 천지 화려해도 역병의 위협으로
　가슴에 두려움 가득 봄맞이할 여유 없네

　　　　　　－「코로나에 숨은 봄」전문

　이 작품은 "춘래불사춘春來不似春"이란 말이 생각난다. 이 말의 유래는 왕소군王昭君의 슬픈 사연을 노래한 당나라 시인 동방규의 시 〈소군원〉에서 시작되었다. 어떤 처지나 상황이 때에 맞지 않음을 이르는 말이다. 코로나가 기승을 부려 봄이 와도 외출이 제한되고 집안에서 생활해야 하는 상황이 되었으니 춘래불사춘이란 말에 딱 들어맞는 표현이다. 잘못도 없이 가택연금 상태로 살아야 하는 시기였다. 이러한 세태를 적절하게 그려낸 작품이다.

　첫수 종장에서 '아릿한 새 생명이 반기며 웃는다.'라는

평 설

표현만 봐도 작가의 심정을 잘 알 수 있다. 셋째 수에서는 온갖 꽃들이 지천으로 피어나며 그 아름다움을 뽐내고 있지만, 마음은 그 광경을 즐겨 볼 여유가 없는 것이다. 세 수로 된 연시조이지만 각, 수마다 독립적이면서 주제와는 그 상像을 동일하게 그려내고 있다. 연시조에서 간과하기 쉬운, 소위 말하는 '옆길로 빠지기'가 전혀 없이 완벽하게 연시조의 정체성을 완벽하게 살려냈다. 한 편, 각 수 역시 장의 독립성, 연결성, 완결성을 잘 유지하고 있어 시조의 정체성을 모두 완벽하게 살려낸 작품이다.

목마른 산천초목 맑은 비로 몸을 씻고
엊그제 생을 마친 떨어진 빈자리를
새움은 반짝거리며 그 아픔을 다독인다

봄날의 그늘 아래 그리움을 감싸 안고
각색의 철쭉꽃들 꽃 틔울 날 고대하다
꼭 다문 봉오리들이 빗방울에 입을 여네

– 「봄비는 사랑을 열고」 전문

이 작품을 감상하다 보면 독자는 힘이 불끈 솟을 것 같다. 떨어진 꽃은 죽음이 아니라 변한 모습이다. '생을 마친 빈자리'를 '새움이 다독인다.' 했으니 꽃은 열매로 모습을 바꿨을 뿐이다. 봄비는 화자가 말한 대로 신비의 손길이다. 거칠고 딱딱한 껍질을 뚫고 나오는 새움을 볼 적마다, 푸 나무들이 제각기 조물주가 준 능력대로, 꽃 피우는 모습을 볼 때마다 신비로움을 느낀다. 분명 보이지 않는 손길이 (invisible hand) 작동하고 있는 것이다. 영국의 경제학자 애덤 스미드가 밝힌 경제 이론이 아니라도 우리는 자연 현상에서 이같이 보이지 않는 손을 종종 발견한다. 봄비는 꼭 다문 입을 열게도 하고 풀잎에 파란 물을 들게도 하고 각양각색의 물감으로 다양한 색의 꽃잎을 만들어 내기도

평 설

하는 신비의 손이다. 봄비는 만물을 소생시키는 신력神力을 지니기도 하였다. 봄이 오면 작가의 바람대로 힘들고 지친 이에게 꽃피는 희망의 계절이 될 것이 확실하다.

3. 마치며

지금까지 주마간산走馬看山 격으로 작품을 살펴보았다. 한마디로 요약한다면 시조의 정체성을 제대로 살려낸 작품들로 짜여 있으며, 몇 작품에서 밝혔듯이 시조 미학이라 할 수 있는 작품의 절제미節制美, 균제미均齊美와 우아미優雅美, 긴장미緊張美 등이 잘 나타나 있다. 이러한 시조 미학의 정수들은 작가의 등단경력에 비춰 볼 때 많은 노력을 했다는 증거이며 너무나 잘 된 작품들이 즐비하다. 이렇게 시조 창작을 잘하는 이유는 무엇일까 하고 생각해보니 가곡이나 시조창에 이미 익숙해진 바도 있겠지만 문인화를 그리면서 터득한 형상화 방법을 작품창작에 반영시켰기 때문일 것이라는 짐작을 해본다.

시조는 기표記標(시니피앙:signifiant)와 기의記意(시니피에;signifie)로 직조된 언어예술이다. 기의보다 기표에 주의가 집중되기 마련인데 송규정 시인의 작품은 귀로 감지할 수 있는 말이 의미하는 것인 기의가 매우 돋보인다. "청구영언"의 발문을 쓴 정래교는 "노래를 글로 쓰면 시가 되고 시를 관악기와 타악기에 얹으면 노래가 된다."라고 했다. 시인은 이미 수십 년 전부터 시詩를 관현악기에 얹어 노래를 해오셨으니 내면의 감정을 글로 쓰는 일은 어쩌면 남보다 쉽게 깨우쳤는지도 모른다. 하여간 말마디가 곱고 기품이 있고 순수하다. 독자들로부터 많은 공감을 얻어 사랑받으리라는 확신한다. 앞으로 더욱 정진하셔서 시조계의 한 획을 남기시길 간절히 소망하며 다시 한번 『관람가 신춘극장』 작품집 출간을 축하드린다.

한국문학상 수상 기념시조집

관람가 신춘극장

송규정 시조집

첫 시조집을 해산하며 … 송규정 / 4
평설 : 가야금에 노니는 옥수 … 김흥열 / 7

제1부 봄비는 사랑을 열고

봉평 풍경 / 32
메모리얼 파크 / 33
코로나에 감금되어 / 34
코로나에 숨은 봄 / 35
산천화경山川花景 / 36
백목련의 기도 / 37
봄비와 목련 / 38
아침을 여니 / 39
봄비는 사랑을 열고 / 40
봄바람 연가 / 41
봄 앓이 / 42
봄 틔우는 소곡 / 43
앵도 처녀 / 44
봄 길에서 / 45
봄노래 / 45
오월의 젊은 초상 / 46
능소화 여인 / 46

제2부 잔인한 사월이여

잔인한 사월이여 / 48
어버이날 / 49
오월의 아픈 기억 / 50
내 가슴 햇살이 들고 / 52
엄마라는 귀인 / 53
시부모님 무덤 이사 / 54
그대 봄 향기 속으로 / 55
은사님의 부음 / 56
망자의 한 / 57
자연의 법칙 / 58
외롭게 차린 제사상 / 59
시어머님 기일 / 60
사진 속 죽마지우 / 61
성묘 / 62
동문 부음에 울다 / 64
울지마 톤즈 / 65
밤 세상 / 66
무념무상의 세월 / 67
하세월 / 68
갈대의 순정 / 69
그리움의 늪 / 70
대보름날 / 71
정월 보름달 맞이 / 72
추석 피로도 / 72
그리운 막내아들 / 73
사모곡 / 73
결혼사진 / 74
몽유도원夢流桃園 / 74

제3부 묵향에 젖어

설한雪寒의 검단산 / 76
다산공원 정경 / 77
바람 / 78
석류 등화燈花 / 79
유월은 녹음실록의 계절 / 80
새벽녘 풍경화 / 81
팔월의 서막이 열리니 / 82
갈대 / 83
가을빛 추억 / 84
연꽃 / 85
가을 연밭 / 86
고독한 자아 / 87
조락의 슬픔 / 88
묵향에 젖어 / 89
고독한 시절 / 90
겨울 호수 / 91
첫사랑 첫눈이 오시네 / 92
겨울 길목 / 93
눈 내리는 밤 / 94
대나무 절개론 / 95
청령포 용의 눈물 / 96
풍경이 우는 산사 / 97
비 오는 밤에 / 97
파도 소리 줍는 텅 빈 가슴 / 98
설한의 겨울 산 / 98
겨울밤 상상화 / 99
봄의 화신 설중매 / 99
덜커덩 구르는 세월아 / 100
경안습지 연화 / 100

제4부 희망의 해가 솟았다

신춘극장新春劇場 / 102
행운목 / 103
일출의 희망가 / 104
멀어진 청운의 꿈 / 105
율동공원 호수의 서정 / 106
늦은 단풍놀이 / 107
새소리 / 108
겨울 단비 / 109
첫눈의 순교 / 110
산골 이야기 / 111
가을비 / 112
겨울 목련 / 113
가을 가로수 / 113
코스모스 들녘 / 114
만산홍엽 / 114
태초의 찬란한 여명 / 115
만추 / 115
동지 팥죽 / 116
겨울밤 / 116
새해를 맞으며 / 117
칡의 호시절 / 117
얼빠진 시간 / 118
희망의 해가 솟았다 / 118

제5부 무너진 일상 질서

역병의 벽을 넘어서 / 120
팬데믹 시대의 성탄 / 121
코로나 시대 제사 풍경 / 122
팬데믹 설맞이 풍속 / 123
비대면 강의 / 124
비대면 공연 / 125
변이 바이러스 비상 / 126
백신 접종 트라우마 / 127
무너진 일상 질서 / 128
미물의 생존 투쟁사 / 129
오미크론 침략 전쟁 / 130
불안한 삶 / 131
자가격리 행복 동거 / 132
공허한 비대면 / 134
염원은 초원을 달리고 / 134
내면의 목마름 소리 / 135
파도여 슬퍼 말아라 / 135
산화한 귀한 청춘 / 136
활공하는 저 기러기 / 136

제6부 너의 넋 별꽃에 얹는다

문학 지킴이 시조인 / 138
서투른 주말농장인 / 139
머윗대 들깨탕 / 140
여름 단비 / 141
특별한 여름나기 / 142
불면증 / 142
여름밤 새벽달 / 143
짐 싸는 여름 매미 / 143
황사 / 144
광풍 / 145
폭설 / 146
줄지은 태풍 하이선 / 147
폭우의 가르침 / 148
물 폭탄, 장맛비 / 149
태풍의 공포 트라우마 / 150
황망한 괴마, 돌풍 / 152
화마 산불 / 153
어리석은 집회 대란 / 154
대펴가 에어쇼 / 155
러시아 정복 전쟁 / 156
6·25 전쟁 70주년 기념식 / 157
너의 넋 별꽃에 얹는다 / 158
고통의 벽 / 159
통곡의 빗소리 / 160
홍수로 위급한 국태민안 / 161

제 1 부

봄비는 사랑을 열고

봉평 풍경

흰 물결 너른 벌판
비경인가, 선경인가

흐르는 바람결에
나부끼는 옷자락은

한 아름
쏟아지는 달빛에 눈이 부신 노래다

여울에 부서지며
달빛이 반짝이면

은은한 메밀꽃향
가슴 가득 품어 안고
저만치
동이가 온다, 소금밭을 가로질러

메모리얼 파크

소슬바람 자지러진 영장산의 북녘 자락
망자들 유택幽宅들이 자리 잡은 비탈 산에
수없는 영혼의 행렬 무슨 사연 품고 가나

책장을 넘기듯이 묘비명을 더듬으면
망자의 생전 삶이 어렴풋이 그려지며
소중한 인생의 역사 침묵으로 말을 건다

산자 들이 소란 떠는 세상살이 터전 옆에
망자들 공존하는 평화 동산 만든다면
미래를 미리 보겠다, 노을빛에 물든 꿈

코로나에 감금되어

뜻밖의 전염병에 남편 말을 인정하고
외출을 자제하며 모든 일정 접고 나서
살림에 눈을 돌리니 구석구석 날 반기네

스스로 만들어 낸 한가함은 아니지만
얼마나 아득했던 별빛 같은 모습인가
잊었던 자아를 불러 마른 영혼 씻겨주네

급물살 불어나듯 확진 환자 늘어나도
일손이 부족해서 발만 동동 구른다고
이 역병 어느 세월에 위험에서 벗어날까

코로나에 숨은 봄

집에만 박혀있어 봄 온 줄도 몰랐어라
평소에 눈길 거둔 화단을 살펴보면
새 생명 아릿한 모습 날 반기며 웃는다

목련이 만개한 줄 오늘에야 보았어라
우아한 하얀 자태 두 손 모아 간구하면
하늘도 감동하시고 우리 청을 들으실까

홍매화 백매화에 동백꽃과 진달래꽃
꽃 천지 화려해도 역병의 위협으로
가슴에 두려움 가득 봄맞이할 여유 없네

산천화경 山川花景

영장산 산등성에 천근 몸 끌고 올라
산 아래 내려보니 맑은 시야 드넓구나
집안에 칩거한 두 달 닫힌 가슴 뚫리네

겨우내 멈춘 생장 숨죽인 호흡들이
저마다 터뜨리는 성장통 신음들이
틈새로 밀고 나오는 신비스런 생명이네

세계는 코로나로 숨 막힌 공포 속에
귀중한 생명 들이 속수무책 죽어가도
산천만 별유천지라 꽃 축제가 흐벅지다

백목련의 기도

겨우내 벌벌 떨다 호흡마저 정지되어
잔가지 조롱조롱 갓 틔워낸 꽃망울들
긴 세월 고진감래로 보석 망울 틔웠네

청초한 아름다움 눈이 부신 맑은 미소
하이얀 꽃송이가 온 나무를 감싸 안고
잔인한 사월 얘기를 침묵으로 애도하네

한 생명 출산하는 산통도 힘겨운데
별처럼 반짝이는 꽃망울 터트리니
위대한 사랑만큼은 신의 권능 이련가

봄비와 목련

살며시 내린 밤비 나목을 깨우나니
겨우내 굶주렸던 허기진 배 추슬러
힘차게 기지개 켜며 봄 인사를 하누나

외로움 지쳐 떨던 꽃망울 실눈 뜨고
간밤에 내린 비로 봄 향연 서두르니
꽃 피울 목련꽃 보며 정화하리, 영혼을

아침을 여니

창문을 열어보면 나무 끝 맑은 바람
참새는 노래하며 아침 햇살 물어 다가
싱그런 라일락 향에 반짝반짝 스민다

맑은 샘 길어 올려 탁한 호흡 씻어낸 뒤
청명한 시안詩眼으로 새날의 문을 열면
소중한 인생의 하루가 보석처럼 빛나리

봄비는 사랑을 열고

목마른 산천초목 맑은 비로 몸을 씻고
엊그제 생을 마친 꽃 떨어진 빈자리를
새움은 반짝거리며 그 아픔을 다독인다

봄날의 그늘 밑에 그리움을 감싸 안고
각색의 철쭉꽃들 틔울 날 기다리다
꼭 다문 봉오리들이 빗방울에 문 여네

별처럼 초롱초롱 송송이 영롱한 눈
오가는 행인들의 발걸음 묶어두고
빗방울 송알거리는 환타지를 즐기네

봄바람 연가

꽃잎을 다 훑고 간 허탈한 산야에서
귀곡성 요란하게 되돌린 봄바람이
가녀린 신록의 잎새 사정없이 후린다

겨울의 미련인가 그리움 남았는가!
방랑객 병연처럼 세상을 떠돌면서
며칠을 광기에 젖어 겨울 연가 부른다

봄 앓이

봄비가 종일토록 곁에서 벗이 되어
추억의 시간여행 망각을 불러오니
불현듯 그리워지네, 여고 시절 친구들

바빴던 이삼 월은 온 봄도 외면해서
문밖을 안 나가니 꽃 핀 것 몰랐어라
코로나 위협에 갇힌 긴 세월이 화났어!

봄비에 늦게 깨인 홍매화가 하품하고
부지런한 벚꽃들은 꽃비로 수를 놓네
이 밤이 동트고 나면 봄님 하직 겁나네

공든 탑 쌓지 못한 허망한 세월 앞에
한심한 삶의 여성 연륜만 쌓여가고
외로운 황혼 길에서 목을 놓아 울었네

봄 틔우는 소곡

찬 기운
헤쳐나와
매화타령 봄을 여니

밤마다
꿈을 깨어
뜰 가득 봄의 노래

봄 길목
해맑은 미소
삶의 시름 위로해

앵도 처녀

수줍어
홍조 띠는
새각시 오셨는가

잎새 뒤
반짝이며
빨간 진주 달고 왔네

풍화를
감내한 찬미
햇살 아래 도도해

봄 길에서

그리움 기웃거린 봄 들녘 길목에서
자아를 잃어버린 허허로운 허상 홀로
외로운 내면의 심연 두레박을 떨군다

봄노래

겨우내 꿈을 키워 영근 꽃 토해내면
나목이 눈을 뜨고 겨울옷 벗어 놓고
연둣빛 맑은 노래로 상춘객을 위로해

오월의 젊은 초상

눈부신 신록으로 무기력증 깨어난다
신선하고 신비스런 젊음이 다가와서
한 삶에 지친 영혼을 위로하듯 흔든다

능소화 여인

울안에 수줍게 핀 양반 꽃 한 떨기가
호기심 주체 못해 담벼락 타고 올라
누군가 그리운가 봐, 고샅길만 바라봐

제 2 부

잔인한 사월이여

잔인한 사월이여

사월은 잔인한 달 그 누가 말했던가
꽃피고 새움 돋는 희망찬 계절인데
온 세상 공포스러운 참혹한 삶, 사는가

후두둑 봄바람에 꽃잎이 휘날리듯
수많은 귀한 목숨 코로나가 데려가네
임종을 못 하는 가족 애통해서 어쩌나!

다급히 관에 넣어 냉동차에 태워놓고
줄줄이 달려간 곳 장례미사 없는 식장
단체로 공원묘지에 촘촘하게 모시네

유례없는 부활주일 가슴 아픈 주님께서
소천한 영혼들의 통곡 소리 들으시고
천사들 내보내시며 마중하라 하소서

역병에 희생되신 세계 각지 영혼이여
천상의 안식으로 길이길이 편안하라
간절히 기도합니다, 꽃비 오는 길에서

어버이날

풀 섶에 숨어있는 이름 모를 꽃 한 송이
외롭게 호흡하는 내가 거기 들어 있네
바람이 스칠 때마다 잠을 깨는 그리움

흰 구름 바라보며 어버이를 불러 본다
메아리 외면하는 그리움의 빗줄기가
건조한 두 눈의 동공을 사정없이 적신다

고립된 고아 되어 십수 년을 살았건만
어버이 그리움은 아직도 샘물 같다
붉은 꽃 카네이션도 갈 곳 몰라 슬프다

생전에 부끄러워 못해 드린 한 말씀은
아버지, 어머니 진심으로 사랑해요
영원한 천상 행복을 누리시길 빕니다

오월의 아픈 기억

지난해 느닷없이 오월에 닥친 병마
병명도 처음 듣는 어이없는 침샘 종양
다행히 양성이라서 안도의 숨 삼켰다

4개월 온갖 검사 병원 문을 들랑달랑
둔감한 감각으로 자각 증세 못 느끼고
병마를 끌어안고서 평안하게 지냈네

오 일간 병실에서 답답하게 지냈지만
살다가 내 뜻 아닌 호강 휴식 누려보고
육신의 고통을 통해 새삼 느낀 내 가치

병실의 하루 생활 별다른 일 몰랐는데
퇴원 후 집안 일상 친숙한 일과인데
사소한 평소 생활이 나에게는 힘겨웠나!

친구들 전하는 말, 늙어 하는 전신마취
기력을 고갈시켜 회복하기 힘겹단다
성대와 무관한 병이 노래는 왜, 안되나?

살다가 겪는 고통 피할 길 없지마는
비가 갠 푸른 하늘 무지개 떠오르듯
인고의 뒤안길 뒤로 삶의 고통 떠난다

내 가슴 햇살이 들고

눈 쌓인 겨울 산은 평화로운 동면인데
산 보는 병상 환자 수심만 가득하고
병실에 햇살 들이니 병도 맘도 녹는듯해

*****
2022. 12. 25.
분당 서울대병원 병상에서 쓰다.

엄마라는 귀인

그리운 어머니가 생각나는 오월이면
다시 또 불러보는 우주 속 이름이여!
떠나신 그 빈자리에 모정만이 눈뜨네

엄마는 높고 넓은 하늘이고 대지임을
뒤늦게 깨닫게 된 우매함을 나무라며
한없이 흐르는 눈물 이 불효를 빌었네

시부모님 무덤 이사

이른 아침 달려가 성당 묘원 도착하여
파 묘 식 신고하고 예약한 절차 이행
수습한 유골 모시고 화장터로 향했다

화장이 끝난 시간 이관 묘지 퇴근 시간
하루에 못 끝나니 봉안함을 집에 모셔
하룻밤, 같이 계시니 감개무량 하다네

시부모 사후 방문 상상 못 한 감격이다
꿈에도 생각 못 한 하느님 선물이다
영정과 봉안함 모시고 촛불 켜고 연도했다

자손들 편 하려고 이장을 결행하여
소상님 뵙기 벌어 수년 전 이상했고
미루던 부모님 이장, 하고 나니 편안해

고향이 아니라서 조상님께 송구하나
자손들이 자주 찾는 위로를 받으소서
영원한 안식을 주시라 하느님께 빕니다

그대 봄 향기 속으로
- 시누이의 선종

아픔의 죽는 고통 소리 없이 승화시켜
하고픈 사연일랑 가슴 속 깊이 묻고
홀연히 선종하신다, 시누님의 소천 길

예고된 죽음 앞에 무력한 형제자매
평소의 무심함을 눈물로 사죄하며
외롭게 가시는 길을 쓸쓸히 배웅하네

현세에 못다 누린 사랑과 건강 행복
천상에서 길이길이 행복을 누리시길
꽃향기 바람결 타고 아름답게 가소서

은사님의 부음
- 홍윤식 박사 부음을 접하고

햇살이 화려한 날 천사의 손을 잡고
구십도 되기 전에 황망히 떠나시니
너무도 안타까워서 가슴이 꽉 막힌다

조문을 가야 함은 당연한 도리인데
코로나 위험으로 갈 수 없는 겁쟁이라
마음에 영전을 모시고 향 피우기 죄송타

일생의 많은 업적 큰 족적 남기시고
홀연히 떠나시니 표류한 추억들만
그리움 되새김하여 마음 안에 가득타

이제는 모든 시름 멀리멀리 떨치시고
행복힌 극락에서 영원무궁 사시노톡
마지막 가시는 길에 두 손 모아 빕니다

망자의 한

길섶에
누워있는
밋밋해진 봉분 위에

위로의
꽃송인가
보랏빛 제비꽃은

알겠지
무덤 속 망자
한스러운 그 생을

자연의 법칙

할머니
되리라고
내 어이 알았던가!

흰머리
굽은 어깨
거역 못 할 순리지만

남은 생
간절한 소원은
아름다운 마무리

외롭게 차린 제사상

사회적 거리 두기 고단계 위험으로
자식도 멀리하고 형제도 격리하네
그 녀석 박멸할 길은 이길 밖에 없을까?

간단히 지내려도 생략할 것 하나 없네
왼 종일 불 옆에서 종종대며 서 있으니
서늘한 가을바람도 흐르는 땀, 못 식혀

쓸쓸히 맞이하는 시조부 기일 날에
매미의 울음소리 침향에 녹아들고
손자가 올린 술잔에 달그림자 꽉 차네

시어머님 기일

천 명이 넘어버린 확진자가 쏟아져서
가족 상봉 단절하고 쓸쓸하게 맞는 기일
시모도 외로우신가, 말씀조차 없으시네

일 년에 뵙는 날이 네 번일 뿐이다네
자손들 못 보시니 서운함이 크시겠지
촛불도 그 마음 알고 눈물 줄줄 흘리네

왼 종일 서성대며 정성껏 마련하고
빈자리 대신하여 술잔까지 올린 뒤에
추운 길 조심하시라 하직 인사 드리네

사진 속 죽마지우

친구가 전송해 온 초등학교 졸업 사진
팔십여 명 초롱초롱 해맑은 눈동자들
아득한 망각 늪에서 헤어나지 못하네

얼굴을 하나하나 짚어보며 떠올려도
불러볼 친구 이름 암흑 속, 갇혀있어
그동안 어찌 살았나 궁금증만, 더 하네

보석처럼 순수했던 그리운 친구들아
무심한 세월 흘러 생사조차 모르지만
우아한 황혼 길에서 평안하게 지내게

성묘

바쁜 탓 핑계 대고 성묫길 늦어졌다
일 년에 한 번 길이 천리보다 먼 길인데
낙엽은 장벽을 쌓고 불효자의 발 잡네

도벌꾼이 다녀갔나 황당하기 그지없다
봉분을 파헤치며 보물 찾아 헤매다가
홧김에 짓밟아 놓았나 못된 심보 가진 자

몇 년 전 울타리 쳐 접근을 막았었고
금년 봄 봉분 보수 단단히 했었는데
효심이 부족했는지 또다시 뚫렸구나

반복되는 보수공사 대책 없는 멧돼지들
미래의 산소관리 암담하기 그지없다
명년 봄 한식에 뵙자니 속절없는 불효자

동생은 작년부터 근교 이장 원했지만
고향을 등지는 걸 원하실 리 없다 하며
지금껏 미뤄 온 죄를 무릎 꿇고 빌어라

형제들 불러 모아 가족회의 속히 열어
조상을 편히 모실 대책을 의논하면
명년 봄 한식 때에는 웃음꽃이 피겠네

동문 부음에 울다

날벼락 맞았다네 청천벽력 동문 부음
감기 줄 버티다가 입원한 지 사흘 만에
황망히 소풍 길 거두고 본향으로 가셨네

감기처럼 가볍다던 오미크론 사망자는
날마다 불어나고 죽는 이 궁금 터니
가까운 지인의 부음 인생무상 깨친다

*****
이강근 동문의 부음을 받고 쓰다.

울지마 톤즈
– 이태석 신부 추모

가족도 못 만나고 미사 없는 성탄절에
고요와 쓸쓸함만 타들어 간 허허로움
신부님 '울지마 톤즈' 영상 보며 울었네

멀고 먼 남수단에 혼신의 뿌린 씨앗
의료와 사랑으로 타 국민을 구제하고
불타는 교육 열정이 문맹 정서 깨쳤네

팔 년간 살신성인 선교 소명 위대하다
애타게 기다리다 톤즈 주민 못 만나고
병마에 높은 소망을 포기하고 가셨네

짧은 생 많은 재능 필요한 곳 다 주시고
민들레 꽃씨처럼 흩뿌리고 가신 영혼
십 년 후 활짝 핀 꽃을 고국 땅에 심으리

밤 세상

쫓기고
숨 가쁘던
생존의 하루 삶이

어둠에
물이 들어
휴식을 취해가며

만물은
숨죽이면서
기다리네, 여명을

무념무상의 세월

세상은
허구한 날
소음으로 가득하여

이 몸은
매일매일
심신이 피곤하다

영혼이
가출한 요즘
무심만이 웃자란다

하세월

세월은
무엇일까
바람인가 구름인가

본 적도
만난 적도
통성명도 없었는데

소중한
인생 여정을
좌지우지 끌고 가네

갈대의 순정

스치는 가을 향기 심호흡에 담아서
흐르는 가을바람 코스모스 숨결 위로
부모님 잠드신 묘소 향 피워 올리리다

갈대밭 가을 울음 한 주머니 담아다가
고이고이 내려놓은 단전의 호흡으로
영롱한 옥빛 구슬을 영혼으로 꿰맨다

그리움의 늪

창으로 쏟아지는 휘영청 밝은 달빛
드높은 달을 보니 썰물 같은 그리움이
찰나에 줄달음으로 고향 집에 닿는다

보고픈 부모님은 어디에도 안 계시고
가야금 현을 뜯던 고향 집 마루에서
아련한 달빛 선상이 무아지경 되었네

푸르른 신록처럼 청초한 옛 시절은
무수한 풍우 속에 빛바랜 추억으로
아득한 망각의 늪에 등불처럼 떠올라

대보름날

강물에
빠진 달빛
너무나 맑고 고와

외로운
방랑자는
그 빛을 건져 올려

겨우내
굳은 영혼을
해말갛게 씻겼네

정월 보름달 맞이

산 위에 떠 오른 달 냇물에도 떠 있는데
우듬지 앉은 달은 누가 또, 보냈는가
코로나 몽땅 태우려 달집 들고 왔나 봐

추석 피로도

즐거운 추석 명절 가족 상봉 불안하고
쌓이는 명절 피로 연휴도 소용없다
나약한 체력 탓인가 늙어가는 섭린가

그리운 막내아들

창밖엔 아침부터 외로운 가을비가
창공엔 비행 훈련 전투기 쏜살같다
소음이 전해온 소식 막내아들 그립다

사모곡

수면의 이랑으로 햇살은 부서지고
물결 위 일렁이는 춤사위 멋지구나
그리운 엄마의 그림자 눈시울을 적시네

결혼사진

빛바랜 추억들이 액자 안에 갇혀있다
외롭게 반백 년을 헤아려온 세월 속에
홍안이 금단의 감옥 쓸쓸하게 지킨다

몽유도원夢流桃園

동공에 담긴 하늘 여유를 즐기는지
흰 구름 헤엄치는 자유로운 저 바다에
영혼은 몽유도원을 찾아 노를 젓는다

제 3 부

묵향에 젖어

설한雪寒의 검단산

숨차게 오른 정상 설한의 검단산은
잎새 진 가지 사이 흰 속살 드러내고
얼었던 몸을 녹이네, 봄날 같은 햇실에

강추위 미끄럼길 겁먹은 산 사람들
모처럼 따사함에 검단산 북적인다
수많은 인파 품고도 끄떡없는 가슴아

다산공원 정경

포화 된 울적함도 상한점에 이르러서
탈출을 시도하여 찾아 나선 두물머리
눈부신 석양 햇살이 낯설어서 부끄럽다

스님도 아니면서 세상사 절연한 듯
담 너머 온갖 변화 감각을 잊고 살다
남양주 여름 풍광을 눈에 가득 담는다

강가에 발을 담근 무성한 연잎들이
꽃 틔울 열망으로 불심을 키우는지
영혼은 갈 길을 잃고 외로워서 서성여

바람

산뜻한
바람결이
스며든 돌담 사이

줄 타는
광대처럼
빨랫줄 올라앉아

옷자락
물젖은 채로
곡예사가 되었네

석류 등화燈花

싱그런
석류꽃이
활공하는 몸짓으로

녹음의
뜨락에서
유아독존 눈길 끄네

영혼은
공허한 마당에
너로 하여 불 켠다

유월은 녹음실록의 계절

뜨거운
유월 햇살
불나도 잎은 짙어

대지 위
모든 열기
침묵으로 삼킨다네

한여름
의연한 자태에
나만 홀로 작아져

새벽녘 풍경화

깊은 잠 못 이뤄서 창밖을 내다보면
검은 숲 틈 사이로 솟아난 불빛들이
외로워 숨죽인 별빛 위로하듯 마중해

게을러 살만 찌고 산책조차 외면한 병
새벽길 비춰주는 가로등 정겨운 줄
오늘 와 새삼 알았네, 함께 저길 걷는다

수은등 별빛처럼 아름다운 꽃이 되어
별나라 어린이들 꿈꾸는 동산일까
한순간 황홀한 생각 설친 잠을 보상해

팔월의 서막이 열리니

매미가 부럽구나, 잠도 없이 노래하는
고운 목청 뽑아내는 새소리가 부러워서
한가한 일상이 오면 노래하며 즐기리

득음은 가다 쉬고 목소리도 늙어가니
서글픔 가슴 가득 처량하기 그지없다
어느 날 평생 소망이 하늘 위에 닿을까!

갈대

흰 나래
고운 숨결
바람결에 일렁이면

부비고
스치면서
솜털 같은 밀어들이

오늘도
이방인 되어
가을 여행 떠나네

가을빛 추억

강 따라 길을 따라 허전한 마음 달래
떠나는 이 가을을 붙잡으려 달려본 길
강물이 일렁거리니 부서신다 햇살이

거센 바람 저항하여 매달린 단풍 무리
서산의 붉은 황혼 갈 길을 서둘러도
어느덧 해 저문 강가 어스름이 밀려와

잊었던 옛 그리움 강 건너 불빛 되고
가슴 아린 추억들은 샘물처럼 고였다가
책갈피 끼어둔 시어들 목을 놓아 운다네

연꽃

물 위를 덮어버린 우산 같은 연잎 군상
진흙에 발을 묻고 꽃등을 밝혀 든 채
부처님 그리워하며 대웅전을 향하네

수천 년 역사 안고 향기로운 불심 태워
오가는 군중에게 묵언으로 구도하고
밤새워 찬 이슬 받아 제 영혼을 닦아내

가을 연밭

무성하고 화려했던 영화가 떠난 곳에
깡말라 호흡 멈춘 자태만 물에 떠서
등 굽은 몸을 이끌고 천년 꿈을 꾼다네

일생을 구도하며 송두리째 맡긴 여정
뿌리가 뽑히는 날 자유로운 영혼으로
한 시절 되찾을 꿈에 발걸음도 가볍다

고독한 자아

해 저문 강가에서 여울 소리 귀에 담아
달빛을 가슴 가득 여인 빈 속 채우고서
길 잃은 불협화음이 별자리를 헤맨다

평생을 돌아봐도 이정표는 안보이고
목마른 내 영혼이 비명을 감당 못 해
주린 배, 달래어 보며 감로수를 향한다

맑은 샘, 퍼 올려서 주루룩 퍼부어도
깡마른 내면의 영 온기마저 감지 못해
꽉 막힌 시혼의 향기 언제 봄을 맞을까

조락의 슬픔

희로애락 훌훌 털고 갈 채비 서두르며
늦가을 저녁놀에 이별가 띄워두면
우수수 소슬바람에 속절없이 끌려가

피눈물 아롱지는 마지막 잎새 하나
매몰찬 바람 앞에 운명처럼 버티어도
자비가 떠나간 숲엔 나뭇잎만 웅성댄다

한 생을 아름답게 살다간 이웃이라
보내는 마음 따라 물 젖은 서러움도
내년 봄 언약을 하는 새 출발의 징표다

묵향에 젖어

어릴 적 무지개 꿈 다 이루지 못하고
어느덧 고령 되니 낯설고 허망하다
여생에 여력 있다면 청춘인 듯 살려네

먼 훗날 자그마한 흔적 하나 남기고자
먹물에 붓을 잠겨 화선지에 앉힌 숨결
붓 길에 영혼을 싣고 무아지경 빠진다

젊음의 힘찬 필력 손을 뗀 노년에도
먹물에서 도를 찾아 여유를 갖다 보면
늘어진 난 한 줄기서 고고함을 배우네

고독한 시절

단절된 거리두기 짧지 않은 사 개월에
외딴섬 고독한 삶 간접 체험 충분한데
사차원 절박한 문명 휴면하듯 쉬고 있다

고도로 급성장한 통신 시설 혜택으로
국제적 소통도 촌음으로 연결되나!
지척에 사는 친구도 만나기는 별 따기

목요일 풍류 모임 설날 이후 중단되어
다가올 공연 준비 태산 같은 걱정인데
그리운 우리 회원들 만날 날이 아득해

겨울 호수

한 생애 마무리한 연화의 빈 호수에
오리들 수련하며 고요히 물 가르면
사욕을 씻어낸 흔적 파동으로 남는다

추위를 즐기면서 거침없는 몸놀림은
세상을 해탈한 뒤 만끽하는 자유인가
호수와 한 몸이 되어 그 영역을 넘나든다

첫사랑 첫눈이 오시네

오욕에 찌든 흔적 말끔히 씻으려고
첫사랑 기다리듯 창가를 서성인 날
때아닌 하얀 매화가 가지마다 피었다

새봄이 올 거라고 속삭이는 위로의 말
목마른 낙엽 위로 꽃들은 피어나고
어머니 자장가 인양 소록소록 노래해

겨울 길목

의자는 말이 없고 겨울 공원 삭막하다
자리를 내어주던 산책객의 쉼터 공간
외로운 나뭇잎 하나 겨울 길손 기다려

눈 내린 오솔길에 첫 발자국 남기고서
바람에 휩쓸려간 새소리를 좇아가니
놀라서 떠난 자리에 허전함이 외롭네

눈 내리는 밤

아득한 신비처럼 바람에 날리는 눈
날갯짓 못 하도록 수평형 몰아치면
거친 숨 달래지 못해 안간힘을 쓰누나

지붕과 길바닥엔 소복이 쌓인 눈이
가로등 불빛 아래 긴 여정 내려놓고
밀물에 그리움 띄워 동심에서 뛰논다

대나무 절개론

천 년의
푸르름만
고고히 채워 두고

하늘을
우러르며
선비충절 지켜낸다

무심한
세월의 변절
지켜내는 절개여

청령포 용의 눈물

어린 날 등극하여 숙부 손에 폐위되고
영월 섬 유배되어 전전긍긍 살아내다
기구한 절망 늪에서 사약 받고 생 맺네

왕권을 찬탈하는 패륜을 저지르고
시신도 버려둔 채 단종의 마지막 길
하늘도 노하셨구나, 수양대군 벌 받았네

서럽다 원한 서린 청룡포 어린 영혼
못다 한 이승의 삶 영월 솔숲 지켜오니
후대에 추모의 발길 줄을 지어 위로해

풍경이 우는 산사

산사의 깊은 정적 잠든 영혼 흔드누나
산 아래 인적 소리 아득하게 멀리 있고
그리움 전설이 되어 산사를 못 떠나네

비 오는 밤에

빗소리 쓸쓸하여 잠 못 든 깊은 밤에
아련한 그리움에 고향 집 달려가니
홍매화 맑은 미소로 엄마처럼 반긴다

파도 소리 줍는 텅 빈 가슴

영혼이 분리되어 떠나간 해변에서
텅 빈 가슴 열어놓고, 파도 소리 줍는다
아득한 수평선 너머 돌아올 혼 기다려

설한의 겨울 산

나목 위로 내려앉은 어스름 산 그림자
화려한 영겁의 혼 사라진 뒤안길에
예리한 촉각의 깃이 나무 끝에 앉았네

겨울밤 상상화

긴긴밤 잠 설치고 시어들만 들락거려
머물 곳 길을 잃고 방황하는 불나방들
은하수 조각배 띄워 별똥별을 줍는다

봄의 화신 설중매

시야를 장막치고 쏟아지는 눈발들이
천군처럼 몰려와서 유리창을 두드려도
설중매 피는 뜨락엔 봄의 여신 웃는다

덜커덩 구르는 세월아

의지는 무시되어 끌려가는 수레바퀴
출발점 흔적 없고 종착지도 알 수 없네
한 삶에 지친 육신만 덜커덩 끌려갈 뿐

경안습지 연화

일렁이던 물 파문을 재우려고 하려는 듯
연꽃으로 수를 놓은 꽃 이불 펼쳐 깔고
청량한 바람을 불러 태평무를 추누나

제 4 부

희망의 해가 솟았다

신춘극장 新春劇場

역병에
동면 된 삶,
꽃 언제 피우나요?

확진자
확산으로
두려운 일상에서

한 떨기
봄노래로
세상 어둠 밝혀요

행운목

한 뼘 되는 행운목을 정성껏 살폈더니
서른 살, 다되도록 살찔 생각, 아예 없고
하늘만 바라보면서 가냘프게 웃자란다

십 년에 한 번씩은 꽃 피워 보답하네
며칠을 송알송알 꽃송이 틔우느라
말없이 몸살을 앓는 고통 소리 가엾다

밤이면 잔별 같은 꽃잎이 입을 열고
짙은 향 깊은 호흡 밤새워 품어내다
동트면 입을 다물고 졸린 눈을 감는다

일출의 희망가

수평선 아득한 곳 달려오는 힘찬 파도
바위에 부딪히고 모래톱에 부서지며
수 없는 도돌이표 생, 지치지도 않는가?

널 뛰듯 높은 파도 능선 이룬 포물선들
일렬로 정렬하여 하얀 띠로 손을 잡고
흰 거품 한 호흡으로 쏟아내고 돌아가

파도가 밀려오니 환호성 피서객들
고단한 몸과 마음 파도에 세탁하고
빛나는 일출의 메시지 삶의 용기 얻었네

멀어진 청운의 꿈

그리던
청운의 꿈
아직까지 당도 못 해

애닮게
헤매어도
찾기 힘든 미로인데

어느새
황혼이 와서
내 앞에서 웃는다

율동공원 호수의 서정

따스한, 햇살 따라 봄 왔나 발길 간 곳
이 년간 외면했던 율동공원 호수였네
아직은 때가 이른가, 봄소식이 안 오네

물이랑 바람맞아 요람 타듯 살랑이고
겨우내 파수 섰던 갈대들이 웅성대며
찬바람 불러세우고 봄을 몰고 오라네

늦은 단풍놀이

더디던 가을빛이 가을장마 탓이었나
지난해 이맘때는 무르익던 오색단풍
어쩌나 이른 한파에 푸르름이 떤다네

산책을 하는 사람 겨울옷 입었는데
자연은 우왕좌왕 여름을 붙들고서
하늘에 天工을 불러 뫼 빛 꾸며, 달래네

새소리

어쩌다 놓쳐버린 수면시간 빗겨 가서
동트는 새벽녘에 창문을 열어보니
자자든 가로등 수풀 소란스런 새소리

코로나 근심으로 잠 못 든 아우성에
새벽녘 온 동네가 새소리에 묻혀 있다
오늘은 무슨 일 생길까 근심부터 앞서네

겨울 단비

심중에 쌓인 화기 달래 주려 내리나
역병에 발목 묶여 옴짝달싹 못 한 군중
빗줄기 선율을 타고 봄 맞으러 가잔다

찬바람 비켜 안고 새색시 걸음으로
애타게 기다리는 봄 요정 꽃마루에
빗방울 생명의 단비 봄 여정을 재촉해

첫눈의 순교

선녀가 춤추듯이 깃털 같은 춤사위로
시야를 포옹하니 순백 세계 아름다워
그립던 임을 만난 듯 외롭던 영, 깨이네

멀고 먼 하늘길을 고행하며 내려와서
지친 몸을 산화시켜 지상 세계 정화하고
사랑은 희생이라고 몸소 실천 보이네

산골 이야기

고즈넉 산 아래에 옹기종기 모여앉아
적막과 고요 아래 정감 이는 산골 마을
은하수 흐르는 하늘 달빛 가득 고였다

별빛이 쏟아지는 아름다운 밤하늘에
집집마다 문풍지를 뚫고 나온 정담들이
차가운 산골의 정적을 사랑으로 덥는다

가을비

가을비 소리 없이 숨죽여 내리는 밤
칠흑 어둠 지나가는 시냇물 정겨운 데
가로등 불빛에 실려 낙엽들이 날린다

적막이 깨질까 봐 사뿐히 내려와서
낙엽 진 오솔길을 살짝이 지르밟고
겨울이 곧 올 거라며 귓속말로 오갔네

겨울 목련

아직은 먼 봄소식 빈 가지에 들어 있다
혹독한 겨울나기 수십 성상 도가 텄나
겁 없이 솜털 꽃 심을 치켜들고 당당해

가을 가로수

가로수 정수리가 붉어지는 가을이다
머리엔 서릿발이 날마다 쌓여가고
꽃보다 아름다운 가을 서러움만 깊다네

코스모스 들녘

바람에 내맡긴 몸 욕심 없는 한 철의 삶
수줍은 하품하며 가녀린 춤사위로
드넓은 가을들녘을 화려하게 꾸민다

만산홍엽

하룻밤 자고 나면 더 붉어진 나뭇잎들
홍조 띤 얼굴에 꽃단장 한껏 하고
우울한 코로나 시대 등불 켜고 지킨다

태초의 찬란한 여명

어둠을 닦아내며 한 밤 내내 달려와서
새벽 별 차가운 빛 졸고 있는 영 깨우려
마침내 동살을 몰고 산등성에 올랐다

만추

황급히 떠나보낸 시월의 끝자락에
창밖의 가로수가 오색으로 곱디곱다
나 몰래 어느 화가가 고운 붓질 하였네

동지 팥죽

손주들 먹이려고 모처럼 끓인 팥죽
지인이 보낸 소식 팥떡 먹는 동지란다
공허한 마음 달래며 무식함을 탓한다

겨울밤

컴퓨터 친구삼아 긴긴밤을 헤매다가
졸음을 못 이겨서 대낮에는 비실대고
동짓달 깊어지는 밤 마우스와 노닌다

새해를 맞으며

해마다 어김없이 다가오는 새해건만
지난해 마무리도 못 추스른 무능으로
반김이 부담스러운 빗장 걸린 마음이다

칡의 호시절

무성했던 호시절은 어디론가 사라지고
수맥이 짐 싸 떠난 바스락한 넝쿨들이
거목에 앙상한 몰골로 벌벌 떨며 매달려

얼빠진 시간

건전지 수명 다해 멈춰버린 탁상시계
시곗침 끝에 걸린 탈출한 나의 오감
얼빠진 둥지에 남아 시월달을 건너네

희망의 해가 솟았다

산 넘어 숨 고르는 밝은 햇살 눈 부시다
사라진 험한 풍진, 들숨 날숨 편안하다
우울한 시대의 고난 희망으로 이끄네

제5부

무너진 일상 질서

역병의 벽을 넘어서

석 달의 충실했던 사회적 거리 두기
이제는 학습되어 답답함이 평화롭네
살만 찐 비창조적 삶 외로워서 슬프다

사회적 거리 두기 굴레 벗기 고대하며
일상의 정상화가 꽃잎처럼 날아오길
둔해진 오감을 깨워 드라이브 가볼까

잊혀진 퇴촌 길로 가끔 찾던 천진암이
출입문 닫아걸고 입장을 불허하니
깊은 골 서글픈 철쭉 아쉬워서 봄 앓네

팬데믹 시대의 성탄

성탄절 전야 미사 명동성당 가던 추억
아득한 전설처럼 그리움이 밀려와서
아련한 추억을 살려 마음 안에 촛불 켜

인류의 공공의 적 끈질기고 강하구나
국경을 넘나들며 귀한 생명 앗아가고
확진자 천 명이 넘어 성탄 미사 막았네

구세주 태어나신 인류의 축제일에
한 줄기 빛을 찾아 암흑 속 헤매면서
코로나 벗어날 길을 주님에게 빌었네

코로나 시대 제사 풍경
- 시조모님 기일

경자년 끝자락에 시조모님 기일 맞아
역병에 길이 막혀 가족과 단절하니
늙은 몸 제수 준비에 종일토록 힘겹다

잔 올릴 손 모자라 큰아들만 오라 하여
지척이 천 리인 듯 오랜만에 상봉하니
할머님 증손자 술잔에 위로가 되셨을까

향 피고 첨작 올려 천상 안식 기원하며
절 올릴 자손 못옴 너그러이 용서 빌며
술잔에 동행할 별님 모셔다가 올린다.

팬데믹 설맞이 풍속

사회적 거리두기 천륜을 갈라놓나
친 핏줄 혈육들을 생전에 못 만나니
쓸쓸히 모시는 차례 조상님께 송구해

우울증 걸린 설이 마음을 도려내고
정성을 다하지만, 몸마저 불편하여
걱정만 앞장을 서고 설레는 맘 옛말이네

비대면 강의

보고픈 제자들을 일 년간 보지 못해
만날 날 기약 없이 차선의 강의 강행
교감은 부족하여도 팬데믹엔 안전해

난생처음 하는 강의 어색하고 생소하다
시선이 어리둥절 허공에 머물러서
인간사 모든 질서를 코비 녀석 바꾸네

비대면 공연

코로나로 정지된 삶 아홉 달의 연금 풀고
신조어 공연 이름 생전 처음 무관중에
긴 세월 무기력 생활 노래 부를 힘 없네

고갈된 나의 체력 뜻밖에 놀라워라
무서운 코로나로 피해도 가지가지
공연을 눈앞에 두고 안타까워 절망 해

한주에 두 번 공연 갑작스레 반복되어
일주일 분주하게 연습으로 공연으로
수십 명 밀접 접촉에 거리지침 어렵네

변이 바이러스 비상

백신을 맞았어도 안심할 수 없다 하여
잠시간 회복했던 자유를 뺏길까 봐
괜스레 애를 태우며 하루하루 보낸다

생활은 제약받고 거리두긴 매한가지
돌파 감염 피할 길이 웃자란 수풀 같아
무사히 지나갈지가 염려되네, 갈 길이

백신 접종 트라우마

두려운 백신 접종 죽을 각오 맞고 와서
후유증 안심할 때 오한에 급습당해
해열제 몸을 맡기고 마음 편히 누웠다

극심한 근육통과 관절통에 잠 못 들고
낮에도 통증 심해 종일토록 자다 깨다
숨어든 병들이 모두 궐기하듯 발현해

남들은 통증 없이 가볍게 지났단다
지인들 궁금증에 전화통 불이 나고
매스컴 허장성세에 국민들만 겁먹네

한고비 넘겼으나 기력이 소진되어
희망의 일상생활 그날을 기다리며
만날 날 생각만 해도 벌써 가슴 뛴다네

무너진 일상 질서

평범한 일상생활 역병에 무너져서
수업을 깨뜨리고 집안에 갇혀 살며
백신에 희망을 걸고 새로운 날 그려봐

단절된 모든 질서 회복되길 기다리며
풍류 가락 생각하면 가슴이 울렁대네
가을엔 가야금 줄이 마음 놓고 울겠다

미물의 생존 투쟁사

코로나에 갇혀버린 암흑이 너무 깊어
출구를 찾지 못해 온 세계가 무너진다
암담한 어둠을 뚫고 필사적인 생존 투쟁

의학자들 뛰어나도 코로나를 못 잡으니
기근보다 혹독하고 전쟁보다 피해 크다
어둡고 무서운 세상 주님 평화 간절해

오미크론 침략 전쟁

감기처럼 가볍다던 오미크론 돌연변이
또 한 번 세상천지 요란하게 훑고 간 후
정점을 찍고 간 나라 안도의 숨 쉬네요

우리는 뒤늦게 사 최악의 상태 되어
날마다 늘어나는 확진자 사망한 자
무방비 통제 불능에 위험수위 넘치네

병원도 갈 수 없고 가족들과 자가격리
봄은 야 꼭 오시나 역병은 갈 줄 몰라
시름에 겨운 긴 세월 탈옥할 날 언젤까

불안한 삶

코로나가 무너뜨린 일상은 길을 잃어
덧없이 보낸 시간 무기력만 커버렸네
아우성 몸부림쳐도 극복할 길 막연해

노년이 되고 보니 슬기로움 멀어지고
예정된 노을 길은 거역 못 할 순리의 길
서글픈 해넘이 길을 타박타박 갈까나

자가격리 행복 동거

귀국한 해외 출장 공항에서 전화 왔다
배차한 리무진이 두 시간 후 온다기에
서둘러 낯선 행로를 앞만 주시 달렸다

역병에 두문불출 뜻밖의 드라이브
긴장한 사면 풍경 외면한 채 픽업하여
집으로 향하는 길은 힘들다네 온몸이

오던 중 아들 말이 우리 집 간다고 해
왜냐니 애들 때문, 엄마 아빠 어떠냐니
말없는 침묵의 대답, 기쁜 마음 가득해

일주일 자가격리 재택근무 함께 하니
제방에 십 년 만에, 자게 되는 아들 덕에
어둡고 심란한 마음에 밝은 해가 떠올라

강 건너 불빛이던 가깝고도 먼 아들이
일주일 동거생활 행복한 선물이다
자식은 나이 들어도 부모에겐 어린애

두 번의 검사 결과 음성통지 안심이다
검사 후 탑승하니 별걱정은 없었지만
머물다 간 빈자리에 사랑 졸고 있다네

공허한 비대면

비대면 무관중이 낯설게 막을 열면
교감은 길을 잃고 공명은 허기지고
눈앞에 꽉 찬 빈자리 눈빛조차 닫혔다

염원은 초원을 달리고

꿈틀한 염원 하나 어디론가 가고 싶다
고삐 푼 말이 되어 달리고픈 초원으로
경직된 외로운 영혼 치유 시간 그립다

내면의 목마름 소리

목마른 노크 소리 내면의 나를 깨워
분별없이 흘려보낸 시간을 되짚으면
갈대꽃 우는 소리만 텅 빈 맘에 실렸네

파도여 슬퍼 말아라

흰 포말 달려와서 모래밭에 부서지며
슬픔을 토해내고 뒤돌아서 돌진하네
무거운 삶의 무게를 휴식 없이 버틴다

산화한 귀한 청춘

전투기 추락으로 조종사가 사망하니
별 하나 떨어지고 귀한 청춘 사라졌네
슬프다, 신혼의 색시 처절하게 절규해

활공하는 저 기러기

함박눈 쏟아지는 벌판을 가로질러
활공하는 저 기러기 울음이 우렁차다
차가운 북풍한설이 반가운가 신나네

제 6 부

너의 넋 별꽃에 얹는다

문학 지킴이 시조인

시조를 구슬로 꿰 달빛에 걸어두고
음계로 징검다리 길고 짧게 건너뛰면
어느덧 종결어미가 문고리를 거누나

사계절 춘하추동 시절가 엮어가면
선조들 정신세계 자연으로 교화되어
자주적 예술 정체성 승화시켜 피었다

고시조 현대시조 격세지감 시대에서
변천된 문학 환경 달라진 정서 감각
유구한 역사 지킴이 현대시조 창작가

서투른 주말농장인

주말농장 선정되어 소일거리 찾은 뒤에
일거리 취미 삼아 즐거운 우리 남편
햇볕에 얼굴이 타도 매일매일 행복해

비 온다, 일기예보 땡볕만 내리쏟고
비 오듯 흐르는 땀 손등에 닦아 가며
서투른 삽질 하나로 반나절을 보내네

사 먹는 게 간편하고 비용도 덜 드는데
소중한 내 시간을 밭고랑에 파묻으며
부역을 강요당하니 고문하고 다를까?

수확은 즐거우나 소비가 미약하여
지인들 주려 해도 거리가 너무 멀어
이웃집 나눠 먹기도 신경 쓰는 일이네

머윗대 들깨탕

마트에서 머위 보자 엄마 생각 떠올라서
한 다발 덥석 집어 바구니에 챙겨 넣고
건강을 보장받은 듯 만족해서 흐뭇해

긴 대를 꺾어가며 손톱으로 껍질 벗겨
손가락 손바닥에 머위 물이 다 들었네
엄마가 해주던 손맛 오늘따라 그립다

엄마가 해주시던 들깨탕 추억 살려
단김에 장보기로 수고하는 손길들은
인내심 거듭 키우는 부뚜막의 요리사

손질한 줄기들을 끓는 물에 데쳐내어
대하를 섣늘여서 들깨즙과 끓이다가
향료를 듬뿍 치듯이 엄마 향도 넣는다

여름 단비

구름에
싹튼 비가
오랜 뜸을 들이다가

마침내
쏟아진다,
날아갈 듯 상쾌하다

폭염도
무릎 꿇리고
푸나무는 춤추네

특별한 여름나기

우울한 장마 끝에 비집고 온 불볕 햇살
땅덩이를 태울 듯이 불세례를 퍼붓는다
물 먹고 기절한 대지 응급조치 받는다

불면증

깊은 잠 못 이루고 뒤척이다 맞은 새벽
늙으면 모든 일상 비정상 되어가나
차라리 달빛과 벗해 풍류라도 즐길까

여름밤 새벽달

졸음이 썰물처럼 한바탕 쓸려가면
천지가 달빛이라 시야가 맑아져도
새벽달 기우는 모습 맘 한구석 아리다

짐 싸는 여름 매미

영원히 점령할 듯 폭군 같던 무더위가
태풍에 기가 죽어 항복하고 사라지면
숲속에 여름 매미도 뒤를 따라 짐 싸네

황사

서풍이 몰고 오는 봄바람 동반자가
아지랑이 위장하는 안갯속 모습으로
건강을 볼모로 삼아 외부 활동 막는다

해마다 연례 행사 막을 수 없는 건지
코로나 위협으로 두문불출 익숙해져
걸어야 살길 상식을 무색하게 돕는다

광풍

칠월의 새벽 광풍 창 부술 듯 난동이고
아우성 울부짖음, 광란의 저 작태는
세상을 뒤엎을 기세 창문 걸고 기도해

바람은 무슨 연유 발악하며 울부짖나
감금된 내 신세를 대변하듯 하는구나
아무리 미쳐 날뛰어도 소멸한다 그대는

폭설

혹한이 부리고 간 폭설에 묻힌 세상
시야를 막아버린 어둠 속의 거센 눈발
귀갓길 빙판 위에서 헛바퀴만 돌리네

정화된 시야에는 백설 왕국 눈부시어
무서워 못 나가는 엄동설한 감옥살이
외로운 빈 배가 되어 해빙기를 기다리네

줄지은 태풍 하이선

비바람 몰아치는 하이선 태풍 오니
그믐달 숨죽이며 먹구름 뒤 웅크리고
황룡이 승천하더니 꿈틀대는 거대한 강

폭염을 몰아내고 가을바람 끌고 오니
여름내 지친 생명 제정신을 찾겠구나
들녘을 지키는 오곡 황금 꿈이 익는다

수만 년 길들여진 갖은 풍상 견뎌내고
강인한 민족의 힘 어려울 때 발휘하여
부강한 대한민국으로 다시 나길 기원해

* * * * *
하이선 : 2020.09.07. 10호 태풍,
　　　　하이선은 바다의 신 이름

폭우의 가르침

코로나 확산으로 한 발 내민 나락의 삶
퍼붓는 폭우 속에 캄캄해진 시야 넘어
우릉 쾅 뇌성벽력이 분별 혼 일깨운다

시냇물 강이 되고 고갈된 영 넘치는 강
무덥고 울화 치민 허기진 삶 씻어내면
묵은 때 씻겨 내린 듯 개운해서 살만해

물 폭탄, 장맛비

슬픔에 절어 있는 뭇 사람을 대변하듯
터뜨린 물 폭탄에 골골 마다 사태가 져
심중에 쌓인 설움이 한꺼번에 쓸리네

어디에 갇혔다가 터져 나온 분노인가!
분출구 잃어버린 망연자실 넋을 잃고
행복한 지난 일상은 물바다를 떠도네

태풍의 공포 트라우마

연달아 밀려오는 태풍이 겁이 난다
TV에 촉각 모아 무사하길 빌어본다
천운에 맡겨진 세상 관망자가 될 뿐야

태풍이 온다 하면 수년 전 일 떠올라
해외 공연 머무는 중 불청객 봉선화가
여행을 마비시키고 공포 속에 감금했네

영화의 타이타닉 주인공이 될 줄이야
식당은 부서지고 지붕 날린 웨딩 교회
한순간 전기가 나가 온갖 고행, 다했다

성난 파도 거센 바람 겁이 나 창문 걸고
복도에 나가보니 건물들은 파손되고
차들은 포개져 있고 엉망진창 처참해

공항은 업무 중지 주유소엔 긴 차량들
넘어진 전봇대들 시가지는 폐허 방불
끔찍한 공포에 갇혀 귀국만을 고대해

전화도 불통으로 가족과 단절되고
애타는 심정으로 일주일 기다림 후
드디어 고국에 오니 따로 없다 천국이

황망한 괴마, 돌풍

갑자기 서울 하늘 번갯불 뻔쩍인다
폭도들 반란하듯 창밖에 이는 돌풍
천둥은 예고도 없이 온 세상을 위협해

소나기 후두두둑 창문을 박살 낼 듯
우비 없는 행인들이 줄행랑 치다 말고
처마 밑 미아가 되어 황망함을 달래네

화마 산불

목타던 겨울 산에 화마가 춤을 춘다
다잡지 못한 화마 당황해 놀란 가슴
번지는 불길을 좇아 발만 동동 구른다

수십 년 아름 들이 하세월 삼킨 산림
센바람 불어대서 불길은 거세지고
널 뛰듯 치솟는 화마 산속으로 줄행랑

주야로 열흘 태운 피해가 끔찍하다
기적의 밤비 내려 잔불도 말끔하게
산마루 피어오르는 액운 거둔 연기야

어리석은 집회 대란

신앙의 꽃을 들고 선동하는 내란음모
진실을 분간 못 해 추종하는 어리석음
언제쯤 신이 내려와 참사랑을 가르칠까

평화로운 일상 오길 노심초사 기다려도
간절한 국민 염원 조롱하듯 배신하고
또다시 전국 휩쓸며 회오리를 일으킨다

검사를 거부하며 안개 속을 파고들어
은밀히 불을 때는 무서운 세력들이
신마저 두렵지 않나 코로나와 손잡네

들끓는 확진자로 병실은 부족한데
의료신 파업 농성 그 누가 부추긴가
한심한 이기주의에 파선破船될까 두렵네

태평가 에어쇼

티끌 없는 창공 뚫고 솟구친 전투기가
촌음을 쪼개듯이 곤두치며 내려오네
아슬한 꽃 연기 그림 관중들이 환호해

날마다 고생하며 고공 훈련 연마하여
해마다 연례 행사 에어쇼를 준비하면
삼천리 방방곡곡에 태평가가 퍼지지

러시아 정복 전쟁

자국의 이득 위해 국제법도 위반하고
만행을 저지르는 러시아를 큐탄한다
온 세계 우크라이나 평화 위해 응원해

전쟁은 서로 간의 최악의 희생인데
몽매한 지도자의 그릇된 욕심으로
귀중한 인명 살상과 경제를 파괴한다

세상사 인과응보 머지않아 닥칠 일은
국제적 경제제재 러시아는 고립된다
순수한 평화 나라에 총질일랑 멈추라

6·25 전쟁 70주년 기념식

감격의 기념식에 가슴이 벅차올라
눈물이 하염없이 가슴이 메어진다
귀향한 순국의 청춘 너무나도 반가워

전쟁에 희생되어 스러져간 젊은 청춘
고귀한 영혼들의 값진 희생 억울한 생
후손은 부끄러운 빚 무엇으로 보은하나

끝없는 비극으로 점철된 아픈 역사
동족의 대립 상태 평화통일 언제 올까
희생된 선열들의 넋 애국심의 등불이네

칠십 년간 이름 모를 고지에서 절망한 혼
이제는 마음 편히 평안하게 잠드소서
영원히 기억하리다, 당신들이 주신 평화

너의 넋 별꽃에 엱는다

삶이란 고행이고 불행하고 암울하다
행복한 사람들도 이면에는 마찬가지
저울로 측정 못 하네, 나름의 삶 무게를

자살률 세계 1위 불명예의 수치로다
나름의 극복 못 할 사연들이 깊겠지만
유능한 지도자 자살 충격이고 실망이다

고행이 쌓은 업적 한순간 팽개치고
한평생 쌓은 인연 매몰차게 떨치고서
빛처럼 사라진 용기 안타깝고 애석다

고통의 벽

물 폭탄, 긴 장마에 전국 곳곳 물난리라
역병도 힘겨운 데 겹쳐오는 재난 파도
가슴엔 수심이 가득 날이 가면 갈수록

쓸려간 양계장과 흙더미에 매몰된 집
침수된 농경지에 흔적 모를 실종자들
한순간 덮친 비극에 통곡마저 묻히네

등에 진 무거운 짐 인재인지 천재인지
나약한 인간임을 뼈저리게 실감하며
뼈아픈 아픔을 딛고 풀꽃처럼 일어서리

통곡의 빗소리

바람은
비를 몰아
창문을 두드린다

조각 난
빗방울이
유리창 매달려서

새벽잠
못 들게 하네,
통곡하며 일렁여

홍수로 위급한 국태민안

하늘에 갇힌 물이 빗장 풀고 도망 와서
폭포수 쏟아내듯 깊은 원한 품어내듯
끝없는 응어리 물고 분별없이 쓸고 가네

아닌 밤 홍두께로 물벼락에 생명 잃고
귀농한 젊은 부부 꿈과 함께 묻혔어라
무지개 떠오른 들녘 고이 가라 전하네

혹독한 천재지변 삼라만상 좌우하나
좁은 땅 곳곳마다 홍수 피해 처참하고
치수를 소홀히 했나 국태민안 위급해

샘문시선 2002

한국문학상 수상 기념시조집
관람가 신순극장

송규정 시조집

발행일 _ 2024년 4월 10일
발행인 _ 이정록
발행처 _ 도서출판 샘문
저 자 _ 송규정
감 수 _ 이정록
기 획 _ 박훈식
편집디자인 _ 신순옥, 한가을
인 쇄 _ 도서출판 샘문
주 소 _ 서울특별시 중랑구 동일로 101길 56, 3층(면목동, 삼포빌딩)
전화번호 _ 02-491-0060 / 02-491-0096
팩스번호 _ 02-491-0040
이메일 _ rok9539@daum.net / saemteonews@naver.com
홈페이지 _ www.saemmoon.co.kr (사단법인 문학그룹샘문)
　　　　　 www.saemmoonnews.co.kr (샘문뉴스)
출판사등록 _ 제2019-26호
사업자등록증 등록 _ 113-82-76122(사단법인 도서출판 샘문)
　　　　　　　　　 667-8200401(사단법인 문학그룹 샘문)
　　　　　　　　　 104-82-66182(사단법인 샘문학)
　　　　　　　　　 501-82-70801(사단법인 샘문뉴스)
　　　　　　　　　 116-81-94326(주식회사 한국문학)
샘문사이버교육원 (온라인 원격)-교육부인가 공식교육기관 _ 제320193122호
샘문평생교육원 (오프라인)-교육부인가 공식교육기관 _ 제320203133호
샘문뉴스 등록번호 _ 서울, 아52256
ISBN _ 979-11-91111-67-5

본 시집의 구성은 작가의 의도에 따랐습니다.
이 책의 저작권은 저자와 도서출판 샘문에 있습니다.
무단 전재 및 표절, 복제를 금합니다.

파손된 책은 구입처에서 교환해 드립니다.
본지는 한국간행물 윤리위원회 윤리강령 및 실천요강을 준수합니다.

문집 출간 안내

도서출판 샘문 에서는

베스트셀러 명품브랜드 〈샘문시선〉에서는 각종 시집, 시조집, 수필집, 동시집, 동화집, 소설집, 평론집, 칼럼집, 꽁트집, 수상록, 시화집, 도록, 이론서, 자서전 등 문집을 만들어 드립니다.
도서출판 샘문에서는 저자님의 소중한 작품집이 많은 독자님들에게 노출되고 검색되고 구매하여 읽히고 감상할수 있도록 그 전 과정을 기획, 교정, 교열, 퇴고, 윤문(첨삭,감수), 디자인, 편집, 인쇄, 제본, 서점 등록(납품,유통), 언론홍보, SNS홍보 등, 출판부터 발매 까지의 전략을 함께해 드립니다.

📖 출판정보

샘문시선은 도서출판비를 30% 인하 하였습니다. 국제원자재값 폭등으로 인하여 문집 원자재인 종이값 등이 3번에 걸쳐 43% 상승하였으나 이를 반영하지 않았습니다.

📢 저자가 필요한 수량만큼 드리고 나머지는 서점 유통

📢 시집 표지는 최고급으로 제작함 - 500부 이상

📢 제목은 저자 요청시 금박, 은박, 에폭시로도 제작함

📢 면지는 앞뒤 4장, 또는 칼라 첨지로 구성해드림

📢 본문은 100g 미색 최고급지 사용함(눈 보안용지, 탈색방지)

📢 본문 200페이지 이상은 80g 사용

📢 저서봉투 - 고급봉투 인쇄 무료 제공

📢 출간된 책 광고(본 협회 =〉 홈페이지, 샘문뉴스, 내외뉴스, 페이스북 13개그룹(독자& 회원 10만명), 카페 3개, 블로그 2개, 카톡단톡방 12개, 유튜브, 카카오스토리, 인스타그램, 문예지 4개, 문학신문 등)

📢 견적 ▷ 인세 계약서 작성 ▷ 기획 ▷ 감수 ▷ 편집 ▷ 재감수 ▷ 재편집 ▷ 인쇄 ▷ 제본 ▷ 택배 ▷ 서점 13개업체 납품 ▷ 저자에게 납품 ▷ 유통 ▷ 홍보 ▷ 판매 ▷ 인세지급

📢 출판기념회는 저자 요청시 본사 문화센터(대강의실) 무료 대여 가능(70명 수용가능) 현수막, 배너, 무대 조명, 마이크, 음향, 디지털 빔, 노트북, 줌시스템, 모니터, 컴퓨터, 석수, 커피, 차, 무료 제공

📢 저자 요청시 저자의 작품 전국대회에서 수상한 시낭송가가 낭송하여 유튜브 동영상 제작 =〉 출판기념식 및 시담 라이브 방송

📢 저자 요청시 네이버 생방송 출판기념회 가능(유튜브 연동) - 네이버 라이브 커머스쇼

📢 뒷 표지에 QR코드 삽입가능 - 저자의 작품 시낭송 유튜브 동영상 등(요청시)

📢 교정, 교열, 감수, 윤필(첨삭감수), 평설, 서문 등(유명한 시인, 수필가, 소설가, 문학평론가, 항시 대기)

문집 출간 안내

📖 빅뉴스

이정록 시인의 〈산책로에서 만난 사랑〉이 네이버 선정 베스트셀러로 선정 된 이후 〈내가 꽃을 사랑하는 이유〉, 〈얀눈박이 울프〉, 〈꽃이 바람에게〉, 〈바람의 애인, 꽃〉 시집이 연속 교보문고 베스트셀러에 선정 되고 5권 전부 출간 순서대로 골든존에 등극하였다. 평생 한 번도 어렵다는 자리를 이정록 시인은 5년 동안 5번에 오르고 현재도 이번 2022년 5월경에 출간된 [바람의 애인, 꽃] 영문판과 [담양장날]이 출간을 기다리고 있다

〈서창원 시인, 2회〉, 〈강성화 시인〉, 〈박동희 시인〉, 〈김영운 시인〉, 〈남미숙 시인〉, 〈최성학 시인〉, 〈이수달 시인〉, 〈김춘자 시인〉, 〈이종식 시인〉 외 한용운문학상 수상 시인인 〈서창원 수필가〉, 〈정세일 시인〉, 〈김현미 시인〉가 올랐고, 2022년 올 봄에는 〈정완식 소설가〉 『바람의 제국』 이 소설집으로는 최초로 『네이버 선정 베스트셀러』 반열에 올랐고, 〈이동춘 시인〉에 『춘녀의 마법』 시집이 『네이버 선정 베스트셀러』 반열에 올랐다. 그리고 컨버전스공동 시선집과 한용운공동 시선집도 간간히 베스트셀러를 하고 있는 〈베스트셀러 명품브랜드〉 『샘문시선』 이다

〈샘문시선〉은 〈베스트셀러_명품브랜드〉로서 고객님들의 〈평생가치를 지향〉하는 〈프리미엄 브랜드〉입니다. 고객이신 문인 및 독자 여러분, 단체, 기관, 학교, 기업, 기타 고객분들을 〈평생 고객〉으로 모시겠습니다. 많은 사랑 부탁드립니다

📖 샘문특전

📢 교보문고, 영풍문고, 인터파크, 알라딘, 예스24시, 11번가, Gs Shop, 쿠팡, 위메프, G마켓, 옥션, 하프클럽, 샘문쇼핑몰, 네이버 책, 네이버쇼핑몰, 네이버 샘문스토어 등 주요 오프라인 서점, 온라인 서점, 오픈마켓 서점에서 공급 및 유통하고 있습니다.

📢 기획, 교정, 편집, 디자인에 최고의 시인 및 작가, 편집가, 디자이너, 평론가, 리라이팅(첨삭 감수) 및 감수 전문가들이 참여하여 감성, 심상이 살아 있는 시집, 수필집, 소설집, 등 각종 도서를 만들어 드립니다.

📢 인쇄, 제본, 용지를 품질 좋은 우수한 것만 사용합니다.

📢 당 출판사 〈한용운공동시선집〉, 〈컨버전스공동시선집〉과 〈한국문학공동시선집〉, 〈샘문 시선집〉을 자사 신문인 (샘문뉴스)와 제휴 신문인(내외신문), 글로벌뉴스와 홈페이지(2군데), 샘문쇼핑몰, 네이버 샘문스토어, 페이스북, 밴드, 카페, 블로그를 합쳐서 10만명의 회원들이 활동하는 SNS 20개 그룹 공개 지면 및 공개 공간을 통해 홍보해 드립니다.

📢 당 출판사를 통해 국립중앙도서관 및 국회도서관 및 전국 도서관에 납본하여 영구적으로 보존해 드립니다.

📢 당 문학그룹 연회비 납부 회원은 30만원 상당에 〈표지용 작품〉을 제공 받습니다.